考学舎 代表
坂本 聰
Satoshi Sakamoto

国語が得意科目になる「お絵かき」トレーニング

Discover

はじめに

国語ができるようになるには、「理解力」を鍛えるのが一番です

「わかった？」「うん、わかった！」は本当か？

子どもは、よく大人から「わかった？」と聞かれます。そして、「わかった！」と元気よく返事をします。はたしてこの「わかった」、本当でしょうか？

もちろん、子どもは嘘をついているわけではありません。しかし実は、この「わかった！」の認識には、子どもと大人の間で大きな差があるのではないでしょうか。

・子どもにしてみれば、「わかった！」＝「うん、聞いたよ」（＝その言葉が耳に入ってきて、そういうことは認識した）程度。

・大人にとっては、「わかった！」＝「理解した」。

そして、この認識の違いが、子どもには「うん、聞いたよ」程度なのにもかかわらず、大人には子どもが「理解している」という幻想を抱かせる原因だったのです。

こうして子どもは、本当に「理解する」という機会を得られず、そしてその感覚を知らないままに間違った勉強を続けていくことになります。

わかったかわからないか、判然としないまま勉強が進むと……？

では、このまま勉強を進めていくとどうなるでしょうか？　「理解する」とは、「物事を丸覚えする」ことだ、となってしまいます。

学年が上がるにつれ、覚えなければいけない知識も増えていきます。このままの勉強方法で、中学受験するとなれば必要な勉強量は膨大になります。すべてを暗記しなければならないからです。

本来、入試で出題される問題の中には、問題文の意味を理解できれば、基礎知識をもとに考えれば解けるものがたくさんありますが、「問題文が理解できない➡その結果、考えられない➡だから解けない」となってしまいます。そのため、解けない問題があると困るので、「すべての問題パターンを暗記して受験に挑もう」となるわけです。

こうして、「勉強＝暗記」「とにかくすべては暗記だ！」となっていきます。これがよくいわれる「知識偏重入試」の実態です。

このような勘違いをしたまま、本当の勉強の意味も、「何かを理解する」ということの意味も知らないまま社会に出てくる若者を、大人たちは勉強が足りないと断じてしまいます。その結果、さらにまた勉強（＝暗記）が増えて……というのが今の状態です。

そう、**変えなければいけないのは、勉強内容や量ではなく、「勉強方法」**なのです。

わかったかわからないか、区別がつけば世界が変わる

子どもの「わかった」の意味は、「うん、聞いたよ」程度だとお話ししました。ではこ

れを、「理解した」に変えるにはどうすればよいでしょうか？

それは、**「わかる」「理解する」とはどういうことか実感させてあげる**、そしてそれを習慣づけてあげればよいのです。

この実感ができれば、すなわち**「わかったこと」と「わからないこと」の区別がつけば、もともと好奇心のある子どもは、わからないことをわかろうとしはじめます**。本当の「わかった」をまた感じるために、放っておいても勉強を始めます。

放っておいても勉強をする子どもに、親は過度の干渉をしませんから、子どもは自分のペースで勉強を進めるようになります。結果、「とにかくこなそう」という勉強はせず、自分のペースで理解しようという勉強をするようになります。

こうして、バラバラな知識を一つずつ丸暗記するのではなく、**理解すること（自分なりに整理・分類したうえで頭に入れること）で、その知識は使える知識となります**。

さらに、使える知識を持つと応用がきくようになり、難しい問題にも自らチャレンジできるようになります。すべての問題パターンを覚える必要もなくなるのです。

私が主宰している「考学舎」の生徒の多くは、丸暗記ではなく「本当に理解する」という勉強をして高校・大学受験に臨んでいます。そして社会に出ても、自分から課題を見つけ、自分の頭で考えて動くようになっています。

国語力、いや、すべての勉強の基礎は「理解力」である

「ごく普通に日本語が話せるのに、なぜ国語のテストで点が取れないの？」

「本を読めば国語ができるようになるの？」

「国語の勉強って、漢字覚えるくらいでしょ」

「私が子どものころ、国語を勉強した記憶はないけれど、それなりの点数は取れていたので、子どもに何をさせればよいか……」


このように感じていらっしゃる方も多いのではないかと思います。国語の勉強は、考えれば考えるほど漠然としていて難しいものです。

算数は計算の練習をさせて問題を解かせて……、社会や理科はテスト範囲をしっかり覚

えさせて……とやるべきことが出てきますが、国語では「教科書を読んで、漢字を覚えておきなさい」と言うしかありません。

子どもの側も、「この漢字なんて読むの?」という質問はしてきても、「このお話の意味がわからない」と言ってくることはまずないでしょう。そして、だんだん点が取れなくなる……これが国語というものではないでしょうか。

国語という教科には、漢字や四字熟語といった、覚えるべき知識もあります。しかし、「読解」においては、つねに文章を理解しているかどうかを確認しながら進むことになります。

何かを読み、そこから考えなければならないので当然ですよね。そういう意味で、**「理解力」は国語学習の基礎となります**。文章を読み、正しく理解できる状態にないかぎり、国語ができるようにはなりません。

同時に、この理解力はほかの科目でも非常に大切な役割を果たします。教科書を読み、文意を正しく理解できるか——たとえば、算数・数学では、文章題を解くにあたって、そもそも問題で問われていることを正しくとらえられているかという意味で、理解力が大きなカギとなります。

さらに、**最近の入試問題では、理科・社会においても、非常に長い文章を読み、内容を理解したうえでなければ解けない問題が出題されています。**

これらの問題の特徴は、理科・社会の知識としては、難しいものを問うているわけではないが、長文の問題や、同時に示されている表・グラフを正しく読み解けなければならない、というものです。

このような問題は、各科目の知識を暗記しているだけでは解けません。**初めて見る情報を正しく読み解ける理解力、そして自分なりに整理分類された知識を活用する力が必要**です。与えられたものを正しく読み解き、自分の知識と結びつけることができて、初めて解けるのです。

二〇二〇年以降、大学入試でも知識ではなく理解力が問われる時代に

中央教育審議会が二〇一四年一二月に出した答申にもはっきりと示されているとおり、

二〇二〇年以降の大学入試においては、「知識を暗記していれば解ける」というものは減ることが予想されています。

もちろん、**社会に出てから必要になる力も、暗記した知識ではありません。初めて読んだものを自分なりに整理・分類したうえで頭に入れる、正しく理解する力です。**

そう、これから学校でも社会でも必要になるすべての力の基本が、この「自分なりに整理・分類したうえで頭に入れる」理解力となるわけです。

＊「理解力」についてくわしく知りたい方は、221ページ以降の「理論編」をお読みください。

本書は、「絵を文で説明する」「文を見て絵を描く」トレーニングを通じて、すべての勉強の基礎である理解力、つまり「わかった」「わからない」をはっきりさせる習慣をつけることができる画期的なワークブックです。その威力は、私たちの教室で実証済みの教材です。

ぜひ、「実践編」はお子さんとともに、「準備編」「理論編」は、より有効な学びとなるために親御さまがお読みください。

何度も言いますが、この「理解力」は、今日明日のテストの結果を左右するというような、一時的なものではありません。自分から難しい問題に挑み、それを解けるようになるための力です。

そして、本書で扱うトレーニングは、それを確実に身につけるメソッドだと信じて世に出します。

読者のみなさまのお役に立てれば幸いです。

もくじ

準備編
「お絵かき」トレーニングをはじめる前に

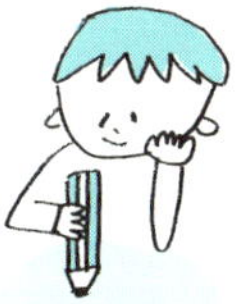

実践編
「お絵かき」トレーニング

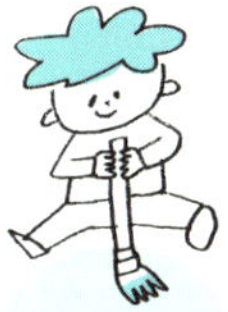

理論編
「理解力」について もっとくわしいことを知りたい方へ

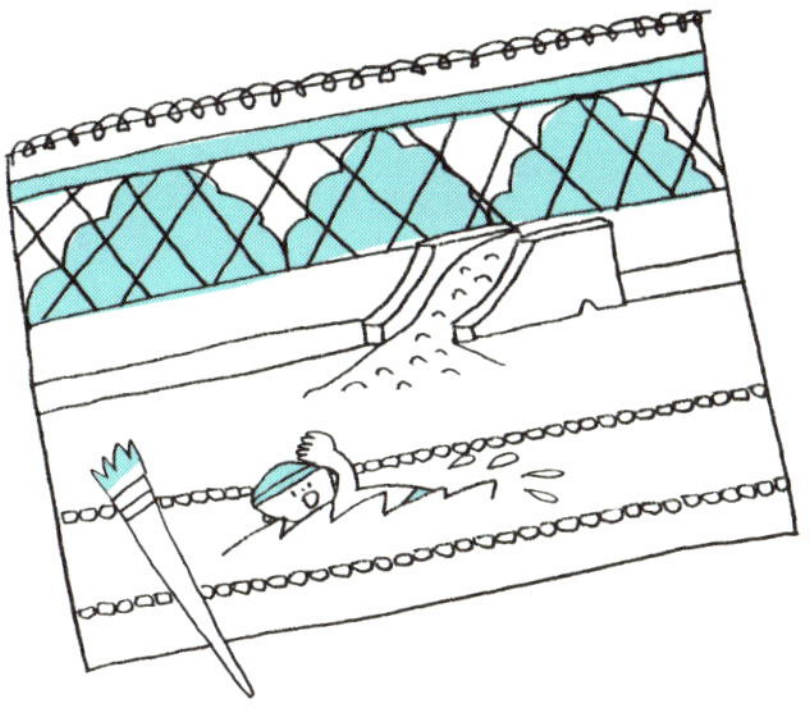

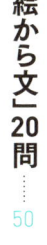

準備編

「お絵かき」トレーニングをはじめる前に

1.「お絵かき」トレーニングの目標

まずはじめに、本書で扱う「お絵かき」トレーニングのスタート地点と目標を明確にしておきます。

「実践編」は、ぜひお子さんとともに進めていただきたいのですが、その際に、トレーニングの目標を頭の片隅に置いていただければ、より効果的に本書をお使いいただけるものと思っています。

「お絵かき」トレーニングの対象は？

本書の対象は、「小学校三年生以上」程度と考えていますが、年齢よりも次の状況があてはまる方におすすめしたいと思います。

1　二年生の国語の教科書に掲載されている程度の文章を、大人と一緒にでも読める（音読できる）

2　一〇〇字程度の文を書き取ることができる

3　文章には主語と述語があることを知っている

少しくわしく説明していきます。

1　二年生の国語の教科書に掲載されている程度の文章を、大人と一緒にでも読める（音読できる）

大切なのは、内容をどこまで理解できているかというより、その程度の文についていける慣れがあるかどうかです。ですから、内容を完全に理解できていなくても、音読さえできれば大丈夫です。

くわしく言うと、同じ音読でも「文字を追いかけて文を読む」ところから、「言葉を追いかけて文を読む」程度まで進んでいると、「お絵かき」トレーニングを進めるにあたっては勉強しやすいと思います。

ぜひ、親子で音読をしていただいて、お子さんが一文字ずつ文字を追いかけているようであれば、言葉で区切って読むよう導いてあげてください。

具体的には、「親御さんが言葉で区切って読み、子どもはそれについて読む」という練習からスタートするのがよいでしょう。

2　一〇〇字程度の文を書き取ることができる

これができるようになるには、「一緒に読んだお話の中から一部分、一〇〇字分程度を取り出し、親が一文節ずつ読み、子はそれを書き取っていく」という練習をしてみてください。

なお、親が一度に読む量は、最初は一文節から始め、徐々に読点単位に伸ばし、二〇〜三〇字程度の一文はまるまる読んでしまえるまでいくとよいと思います。

そのころには、一〇〇字ではなく、二〇〇字分程度の書き取りができるようになっているでしょう。

3 文章には主語と述語があることを知っている

いわゆる文法として、「主語」「述語」という用語を知っている必要もありませんし、主語をどんなときに省略できるのか、などの規則を知っている必要もありません。

しかし、文章を読む際、「＊＊をしました」とあれば「だれが＊＊をしたの？」と問い、それに答えられる、あるいは自分で話すときに「誰が何をした」と自然に言える程度が望まれます。

読み聞かせ・読書のすすめ

これらのことが身につくようになるために、幼少時から少しずつでももっておきたいのは、「本とのかかわり」です。これに最適なのが、読み聞かせ、そして自分での読書となります。

ゆっくりと読み聞かせ、そのお話について自由に想像をめぐらせることにつき合う。知らない世界を想像し、想像という「絵」の中で言葉を結びつけていく――こうして体験できない世界について考える素地をつくっていきます。

これは、単に言葉を覚えるだけではなく、何かと結びつけながら言葉を自分のものとして習得することをうながします。漢字や言葉のワークブックでは決して習得できません。

考学舎では、小学一、二年生で、一〇回程度の「音読書き取り講座」を受けていただいたうえで、「絵訳講座」（本書の「お絵かき」トレーニング）に入っています。

では、ここからは、「お絵かき」トレーニングを通して身につけていきたいこと、目標についてお話しします。まずは、目標1、2を大切にして取り組んでいただければ幸いです。

目標1：何かを耳にし、目にしたときに、それを頭の中で想像する習慣をつける

「お絵かき」トレーニングは、「理解」を確実なものにするための練習です。この練習では、「絵を文に」「文を絵に」と媒体変換する習慣をつけていくことが一つの大きな目標です。

媒体を変換してみることで、自分がわかっていないことに気づくことができます。普段の生活でも、見聞きしたことを頭の中で媒体変換するよう促してあげてください。

こんな観点から考えると、漫画、テレビ、動画にばかり触れることはおすすめできません。自分の頭で媒体変換する必要がなくなってしまうからです。ぜひ、本やラジオなど、子どもたちが媒体変換できる素材に触れる機会も多く持たせてあげてください。

目標２：「わかる・わからない」をはっきり表明できるようになる

媒体変換する習慣がついていくと、当然のように変換できないものがたくさん出てきます。**大切なのは、この「わかる・わからない」を、しっかり表明できることです。**

「お絵かき」トレーニングの中でも、また日常生活においても、この「わからない」（それも、何がわからないのかはっきりしている「わからない」）を大切にしてください。

漠然とした「わからない」が出てきたら、「何が（どの部分が）」わからないのか、気長に質問しながら明らかにしていきましょう。

目標３：説明の方法を学ぶ

「お絵かき」トレーニングでは、少しずつ絵が複雑になり、文も長くなっていきます。ポイントのなかに、どのように説明するのがよいかが書かれていますので、少しでも説明の方法を「型」として身につけられるよう導いてあげてください。

とはいえ、難しいことが出てくるわけではありません。説明の順番や書き方などが少しずつ出てくる程度です。

目標４：一番大切なところを考える習慣をつける

「絵の中の中心はどこだろう?」「この絵の主人公はだれだろう?」「文の中の中心はどこの部分だろう?」ということをつねに気にする習慣をつけていきましょう。

すぐに見つけられなくてもかまいません。探し方は、ポイントの中でも触れられているので、方法論はそこで見ていただければよいのですが、これを気にする習慣を持つだけでも、今後いろいろな文を読む際にも非常に役に立ちます。

目標5：「正解は一つではない」ということを知る

これが最も重要なことです。「お絵かき」トレーニングの問題は、ただ一つの正答があるわけではありません。それぞれ解答はつけていますが、あくまでそれは「例」です。**絶対的な正答がないことを知るのもよい学びになります。**

たとえば、絵を見て説明をするときには、どこまで細かく説明すればよいのか、子どもは迷うはずです。そのときには、ぜひ一緒に考えてあげてください。

何を大切に、どれくらいくわしく説明を書くべきなのか、またどう書けば相手に伝わりやすいのか、その理由を含めて考え、決めたうえで説明を書いてもらいます。そして、本書の解答や解説を、あくまで参考までにご覧ください。

直すことでよりよくなる部分は、次回への参考として理解させ、お子さんの書いた文や描いた絵には、ぜひ大きな花丸をつけてあげてください。

2.「お絵かき」トレーニングをする前に、やっておいていただきたいこと

「音読・書き取り」で、文の型に慣れさせる

まずは、**音読、全文書き取りをすることで、文の型をなんとなくでも知っていることが前提**となります。ここでいう文の型は、「主語・述語の組み合わせ」です。

「空は青い」「太郎くんは遊んでいる」という関係や、そこに一つ修飾語がつけられる程度で十分です。特に、スタートは詩のようなものでもよいと思います。短く簡単な文から、少しずつ長い、説明がある文を読んだり書いたりして、慣れさせていきましょう。

この段階でおすすめするテキストは、次のようなものです。

・たまねぎ（まどみちお）
・かかし（谷川俊太郎）
・きりん（まどみちお）
・アリくん（まどみちお）
・こねこねこのこ（まどみちお）
・けしごむ（まどみちお）
・つけもののおもし（まどみちお）
・すりむきうた（谷川俊太郎）
・カバはこいよ（まどみちお）

ここであげたものは、どれも詩です。長いものはありません。
少し全文書き取りに慣れてきたら、

・小学生ときつね（武者小路実篤）

・ぎざみみうさぎ（シートン）

など、少しずつ長いものにチャレンジしていくとよいでしょう。

おうちでこれらの文章に触れるときには、**まず音読します**。ゆっくり一語一語でかまいませんが、文字を指で追って読むような場合には、何回か読ませ、言葉を追えるようになるよう導いてあげてください。

次に、全文書き取りです。まずは、全体で一〇〇～二〇〇字程度の長さの文章を、大人が音読します。それから、一文節ずつ区切って読みます。そして、子どもはそれを一字一句違えず書き取っていきます。

必ず、読み終わってから書くようにしてください。最初は、読んだ部分をまずは暗誦させ、それから書いてもらってもよいでしょう。書いていく際に、途中でわからなくなったら再読を依頼し、大人は同じ箇所を再度読みます。

一回で書いてもらう長さは、最初は一文節、慣れてきたら読点ごと、最終的には一文単位にまで増やしていきます。こうして、最初に音読した一〇〇～二〇〇字を書ききったら、今度は大人が子どもの書いた文を持ち、子どもがテキストを読んでいきます。そして大人は、子どもの聞き間違いや誤字・脱字などがないかをチェックしていきます。

こうして、**文をまるごと頭に入れ、それを書く練習をすることで、美しい文のリズムや言葉使いを身体で覚えていくことになります。**この作業はまた、短期記憶の活性化も望めます。

修飾語の感覚を身につける

文を書こうという段階で大きな差になるのは、知っている修飾語の数と、修飾語への意識です。これを感覚的につかむためには、普段から修飾語の存在に気づかせてあげることが大切です。

たとえば、空を見て最初に、「太陽と雲がある」と出てくる子どもには、引き続き**「どんな太陽がある?」「どんな雲がある?」**と聞いてみてください。そして、少しずつ「大きな太陽」や「赤い太陽」「燃えるような太陽」といった修飾語がつけられるよう促してあげます。

逆に、最初から「赤くて大きな太陽がある」と言える子には、「簡単に言うと、『太陽がある』だね」と修飾語を取ったシンプルな形も例示しておきます。

こんな習慣をつけていくことで、「簡単に言うとき（まとめたり要約したりするとき）には、修飾語はいらない。くわしく言いたいときには、修飾語をつける」という感覚を身につけることができます。

接続詞を使えるようにする

もう一つ、「お絵かき」トレーニングをする前に少し知っているとよいのが、文と文をつなぐ言葉、つまり「接続詞」です。この段階では、**「順接」「逆接」「転換」がいくつかわかる程度**で十分でしょう。

簡単な接続詞を使えるようになると、二つ以上の文を書くときに役立ちます。

- **順接の接続詞**（前の文が原因・理由になり、後の文が結果・結論になる言葉）

そして　だから　それで　そこで　したがって　すると

・逆接の接続詞（前の文から予想される結果とは逆の結果を導く言葉）

しかし　だけど　けれども　なのに　でも

・転換の接続詞（前の文と話題を変える際に使う言葉）

ところで　さて

3. 本書の使い方

さて、ここからは本書のメインテーマである「お絵かき」トレーニングとはどういうものかについてお話ししていきます。

本書の構成と進め方

「お絵かき」トレーニングには、

- 絵を見て、その内容を文章で書く（絵から文）
- 文章を読んで、その内容を絵で描く（文から絵）

の二種類があります。

順番どおり、一つずつ進めていただいてもかまいませんが、「絵から文」をやったあと数日間あけて、自分で書いた文章を絵にしてみるのも、自分がわからなかったところがはっきりするのでたいへん有意義な方法です。

1 「絵から文」

一つの問題は、見開き二ページで構成されています。

最初のページに問題となる絵があります。この絵を見て、その内容を文章で書くという趣旨です。その隣のページにある「ポイント」を参考にしながら、より伝わりやすい適切な文章を考えていきます。

解答例とおうちの方向けの解説は、別ページに見開きで掲載しています。

次のページにサンプルを一つ掲載しますので、だいたいの雰囲気をつかんでいただければと思います。

絵から文

Q1

次《つぎ》の絵《え》を見《み》ていない人《ひと》にも伝《つた》わるように、文章《ぶんしょう》で説明《せつめい》しましょう。

レベル ☆☆★

ポイント

1 絵《え》の中《なか》にあるものは何《なに》？
2 その背景《はいけい》にあるものは何《なに》？

解答例

青《あお》い空《そら》にさんさんとかがやく太陽《たいよう》と、白《しろ》いよこながの雲《くも》が一《ひと》つうかんでいます。太陽《たいよう》は右上《みぎうえ》に、雲《くも》はまんなかより少《すこ》し下《した》、左側《ひだりがわ》にあります。二《ふた》つの大《おお》きさはだいたい同《おな》じぐらいです。

おうちの方へ

太陽と雲、二つのものが出てきました。どんな順番で説明しましたか？

解答例では、最初に、絵全体を一文で説明しています。そして、上から順番に登場するものを説明しています。

まず、「ポイント」を確認する

ここからは、「絵から文」問題の効果的な学習法についてお話ししていきます。
まず、絵を見てすぐ文章を書かせるのではなく、まず隣のページにある「ポイント」を確認するようにしてください。

今回の例では、

1 絵の中にあるものは何？
2 その背景にあるものは何？

がポイントになっています。答えを書く際の参考になりますので、絵を見ながらあらかじめこれらの点について話し合っておくとよいでしょう。

子どもが書いた文のチェックのしかた

解答例は、正答ではありません。**あくまで「例」とお考えください。**

今回の例でいえば、太陽や雲の色や形をもっとくわしく書いてもよいですし、空のグラデーションについて書いてみてもＯＫです。

子どもが書いた文は、ぜひ一緒に読み直してみてください。そのとき、どのように考えて文を書いたか、質問してあげるとなおいいでしょう。

一文は三〇〜四〇字程度を目安にします。

そのほか注意したいことは、

1　誤字・脱字はないか？

2　主語と述語の関係は正しいか（ねじれていないか）？

3　文と文はしっかりつながっているか？
4　文の情報だけで、元の絵を想像できるか？

です。

このうちの「4　文の情報だけで、元の絵を想像できるか？」について、もう少しくわしくお話しします。

・絵の中に描かれているものは、すべて文中に登場しているか？
この例では、「太陽」と「雲」、そして「青い空」ですね。

・説明されているものの位置関係は絵と同じか？
この例では、「青い空は背景であること」「太陽が右上にあること」「雲が左下にあること」です。

・どんな修飾語で絵の中のものを説明しているか？

この例では、「太陽の色や形」「雲の色や形」「青空の様子」などです。

ここが、このトレーニングの難しいところです。やりはじめると、どのくらいくわしく説明するべきか迷うかもしれません。

たとえば、解答例では、「さんさんとかがやく太陽」となっていますが、「オレンジ色でまんまるの太陽」でもよいわけです。**「こういう説明もできるね」と教えてあげると、本人にとっても良い気づきになります。**

同様に、雲についても、「白いよこながの雲」としていますが、「白くてもくもくとした雲」でもよいのです。

ここは、なんらかの説明を試みていればよい、とおおらかにお考えください。

ここにあげたことは、全トレーニング共通です。このほかにご注意いただきたいポイントは、問題ごとに「今回のポイント」としている内容をご参照ください。

2 「文から絵」

続いては、「文章を読ませて、その内容を絵で描かせる」（文から絵）の問題です。「絵から文」に比べると、絵が苦手なお子さんにはやはり高度なトレーニングになりますので、様子を見ながら取り組ませてあげてください。

文から絵

Q1 **次《つぎ》の文章《ぶんしょう》を読《よ》んで、想像《そうぞう》したイメージを絵《え》にかきましょう。**

レベル ☆☆★

青《あお》い空《そら》にさんさんとかがやく太陽《たいよう》と、白《しろ》いよこにながい雲《くも》が一《ひと》つうかんでいます。太陽《たいよう》は右上《みぎうえ》に、雲《くも》はまんなかより少《すこ》し下《した》、左側《ひだりがわ》にあります。二《ふた》つの大《おお》きさはだいたい同《おな》じぐらいです。

ポイント
全体《ぜんたい》のイメージを頭《あたま》の中《なか》で想像《そうぞう》しよう！

「文から絵」の問題でも、「絵から文」と同じように、「ポイント」に注目して絵にしていきます。

問題文に書かれていない部分（たとえば、本問での太陽の色）などは、文章に書かれていないことを確認したうえで自由に描きましょう。

絵については、くわしくは後述しますが、得意・不得意もありますので、あまり細かいことを言わない方がいいでしょう。すべてを描くことが必要なわけではありません。

絵にできなかったものは、あとで辞書でどんなものか確認する程度でもかまいません。

また、いきなり絵を描くことが難しい場合は、**解答にあるぬり絵用の絵に色をつけることからスタートしてもかまいません**。そのうえで、解答やアドバイスをご確認ください。

何度も言いますが、解答だけが正答ではありません。解答はあくまで一例であるとお考えください。

「お絵かき」トレーニングについて、気をつけていただきたいこと

この項の最後に、本書を使う際に気をつけていただきたいことをまとめておきます。

1　絵のうまい下手は気にしないでください！

「お絵かき」トレーニングでは、あくまでも説明のために絵や文を書いていきます。上手な絵を求めてしまうと、子どもはやる気を失ってしまいます。

特に後半は、少し複雑な絵もありますが、パーツを複雑にする必要はありません。シンプルな絵を組み合わせて、何が説明されているのかがわかることを目標に描いてもらってください。

2 「お絵かき」トレーニングには、「一つだけの正答」はありません!

ついている解答は、あくまで解答「例」です。「絵から文」「文から絵」のどちらも、解答どおりにならなければ正解ではない、とは考えないでください。

「文から絵」では、問題文の中に詳細な記述がなく、どう描けばよいか迷う場面が出てくると思います。この場合は、**自由に想像してかまいません**。

たとえば、太陽の絵を描くとします。太陽の形や色は特に指定のないかぎり、自由に想像していいのです。

そして、問題文の中に指定がなく、想像で描いたということを確認します。「指定がされているのに、言葉の意味がわからず想像で描いた部分」と「指定がなかった部分」をしっかり区別する習慣をつけていきましょう。

「絵から文」の場合は、絵の細かい部分については、あえて説明をしないことにしてもかまいません。たとえば、あらかじめ「洋服の模様は説明しなくてよい」と決めてしまうようなことです。

三人の女の子が描かれているとき、その三人の特徴がいっさい書かれていないと三人の区別がつかないので、説明としては不十分です。でも、それぞれの特徴がわかれば、それ以上細かい説明はしなくてもよいと考えてください。

4.「お絵かき」トレーニングが終わったら

「絵から文」「文から絵」の問題がひととおり終わっても、まだまだやりたい方には、**『絵のない絵本』（アンデルセン）がおすすめ**です。ストーリーになっていますので、どのシーンを絵にするかを考えたうえでお試しください。

また、問題の19で扱う「家の間取り」や20の「道順」の説明も、実際に自分の部屋の説明、ご自宅の間取りの説明、また家から学校までの道順、家から最寄りの駅やコンビニエンスストアまでの道順説明など、いろいろとお試しいただけると思います。

実際の間取りや道順で勉強する場合、まずは間取りや道順の地図をていねいに描いてもらってください。そのうえで、何日かあけて、その間取りや道順を文章で説明してもらうといいでしょう。

「お絵かき」トレーニングの次は「絵日記」を

私は、「お絵かき」トレーニングの次にすべき勉強として、「絵日記」をおすすめしています。

絵日記といえば、「思い出を保存できる」「言葉だけの日記より書きやすく、言葉で説明しきれない部分を絵で説明できる」などの意義がありますが、私が考える意義はそれだけではありません。

- **ポイントを絞ることができる**

先に絵を描くことで、その日のポイントになるシーンを必然的に決めることになります。そのため、単にだらだらと一日に起きたことを羅列してしまうことを避けることができます。

- **ポイントを説明する練習になる**

絵日記を、「描いた絵を説明するために文を書く」と考えると、そのシーンの前後関係からそのシーンでいま起きていることの説明まで、非常に幅広い説明能力が求められます。

このように、**絵日記は何かを他人に説明するトレーニングにも最適**だと考えています。

絵日記の書き方

まず、印象に残るシーンを絵にします。それがない場合は、「描きやすいシーンを絵にする」でもかまいません。くれぐれも、絵のうまい下手にこだわらないことが大切です。丁寧には描くが、下手でもかまわないぐらいのスタンスです。

印象に残るシーンは、できるだけ具体的なものがよいと思います。

ここでつまってしまう場合は、その日にやったことを親子で少し話してみてください。たとえば、遊園地に行った日の場合、「遊園地のどのアトラクションが楽しかったのか?」などです。もしかしたら、「行きの電車が一番楽しかった」という可能性もありますよね。そんなときは迷わず、電車の絵！でよいのです。

描いた絵についても、できれば親子で話してみてください。子どもが自分で、その絵から思いつく言葉を書き並べてみるのもよい方法です。

つまってしまいそうな場合は、「いつ」「どこで」「だれが」「だれと」「何を」「どんなふうにした」を考えてもらいましょう。

このようにして出てきた言葉を使って、文にする組み合わせを探し、書く順番を考えます。

そして、絵を説明するように文を書いていきます。本書のトレーニング同様、**まずは一文で説明し、その後順番にくわしく説明しましょう**。

何かが足りなくてもかまいません。読み直して、気がついたら、それを共有しておきます。絵日記のように継続してやってほしいことの場合、一回一回、完璧に書かせる必要はありません。次回に向けて直せる点は共有し、そして次回は気をつけてもらうことが大切です。

毎日、もしくは二日に一回くらいのペースでできると、問題は改善されていくでしょう。ポイントを絞る力、まとめる力、説明する力も、めきめきとついていきます。

絵日記を書くと、その日やったことについての感想も書きたくなるかもしれません。感想が書きたいときは、やったこととは分けて書きましょう。そして、「なぜそう思ったのか」まで書く習慣がつけられたら最高です。

（http://edu.kogakusha.co.jp/recipe/diary から、絵日記のひな形をダウンロードできますので、ぜひご活用ください）

さらなる国語力（思考力）をつけるために

考学舎では、「絵訳」のあとは、「漫画を文章で説明する」「短編を自分の言葉に言い換える」「短編を要約する」と進んでいきます。こうして「理解」を確実にする手段を講じながら、理解した内容を自分の考えと比較し、考えを表明する練習も少しずつ進めていきます。

ここではご家庭でできることとして、二つ挙げてみます。

1 対話（雑談）の時間を設ける

その日にあったことや、それについて思ったことを聴く時間をとってください。

親はインタビュアーになったつもりで、子どもの話が進むような質問を心がけます。

質問のコツは、簡単に言うと、**親自身が子どもの話に興味を持ち、「もっとくわしく知りたい」「なぜそうなったのか知りたい」と思いながら話を聴く**ことです。すると自然に、「もっとくわしく」とか、「なぜ？」とかいう質問が生まれてきます。

ちなみに、「それはよくない」と思うことが出てきたら、すべての話を聴いたあとで、「私（親）としてはこう思う」とはっきり伝えます。さりげなくマイナスイメージを伝えるよりも、伝えるべきことははっきり伝えた方がいいでしょう。

ただ、親として肝に銘じておきたいのは、

「いくら意見を言ったところで、聞き入れてもらえるかどうかはわからない」

ということです。

大人どうしであれば当然意識することですが、自分の子どもとなると、何とかして聞き入れてほしいと、ついあの手この手を使ってしまいがちです。しかし、**「最終的に聞き入れるかどうかは、子どもの判断によるものだ」**ということだけは忘れてはいけません。

これを忘れてしまうと、対話の継続が非常に難しくなってしまいます。子どもが話さなくなるからです。一方で、話してもらうために何でも許容しているふりをするのも厳禁です。

話題は、「友達のこと」「クラスのこと」から、「登下校中のこと」「町で見たこと」、可能であれば、「小学生新聞の記事」のようなものへと少しずつ広げていけるといいでしょう。

2 自習の時間を設ける

一五分でも三〇分でもかまいません。学校の宿題がある日は宿題をすればよいと思います。ない日は、親子一緒に考えて何かの勉強をします。

たとえば、「その日の学校の授業ノートにマーカーを引く」でもよいですし、漢字の練習でも計算のトレーニングペーパーでもかまいません。教科書の音読もおすすめです。新聞を購読しているなら、記事を読んでわからないことを調べるというのもよいと思います。

最初は、宿題がない日は何をするかを親子で考えていきますが、少しずつ、子ども自身で考えて決められるようになるとよいと思います。

子どもが考えて決めた場合は、終わったあとで今日何をしたのかを聞いてあげてください。徐々に慣れていけば、毎日確認しなくても週に一回確認するだけでもいいでしょう。

この二つのことは、塾に通ってできることではありません。**ご家庭でしかできないことです。**それができれば、考える習慣をつけるために、非常に大切な時間となるでしょう。

考える力をつけることは、時間はかかりますが、国語をはじめ、各科目の成績を押し上げていきます。**正しい答えだけを探すのではなく、「わからない」「なぜ?」と疑問を持つ習慣を、小学生の間につけていきましょう。**

実践編

「お絵かき」トレーニング

Q1

次《つぎ》の絵《え》を見《み》ていない人《ひと》にも伝《つた》わるように、文章《ぶんしょう》で説明《せつめい》しましょう。

レベル
☆☆★

ポイント

1　絵《え》の中《なか》にあるものは何《なに》？

2　その背景《はいけい》にあるものは何《なに》？

解答欄《かいとうらん》

［　　　］に［　　　］［　　　］があります。

どこ？　どんな？　何《なに》？

↓答《こた》えは90ページ

Q2

次《つぎ》の絵《え》を見《み》ていない人《ひと》にも伝《つた》わるように、文章《ぶんしょう》で説明《せつめい》しましょう。

レベル ☆☆★

ポイント

1 説明《せつめい》する順番《じゅんばん》を考《かんが》えよう。

2 知《し》っている物《もの》の名前《なまえ》を使《つか》ってみよう。

解答欄《かいとうらん》

[　　　]が一本《いっぽん》はえています。ふさふさした[　　　]色《いろ》の[　　　]がたくさんついています。

みきから根《ね》っこにかけては[　　　]色《いろ》で、みきには[　　　]が二《ふた》つあります。

↓答《こた》えは92ページ

Q3

次《つぎ》の絵《え》を見《み》ていない人《ひと》にも伝《つた》わるように、文章《ぶんしょう》で説明《せつめい》しましょう。

レベル
☆☆★

ポイント

1　絵《え》の中心《ちゅうしん》は何《なん》だろう？

2　一《ひと》つ目《め》の文《ぶん》で、まず全体《ぜんたい》を説明《せつめい》しよう！

解答欄《かいとうらん》

草原《そうげん》に［何《なに》が？］が［いくつ？］台《だい》とまっています。

手前《てまえ》の車《くるま》は［　］色《いろ》で、おくの車《くるま》は［　］色《いろ》です。

二台《にだい》の車《くるま》は、［　］が四《よっ》つあって、うしろに［　］がついています。

草原《そうげん》は［　］色《いろ》で、ところどころ長《なが》い草《くさ》が生《は》えています。

そして、草原《そうげん》の上《うえ》には［どんな？］［何《なに》が？］が広《ひろ》がっています。

↓答《こた》えは94ページ

Q4

次《つぎ》の絵《え》を見《み》ていない人《ひと》にも伝《つた》わるように、文章《ぶんしょう》で説明《せつめい》しましょう。

レベル ☆☆★

ポイント

1 まずは一《ひと》つの文《ぶん》で、どこに何《なに》があるか、全体《ぜんたい》を説明《せつめい》してみよう。

2 説明《せつめい》する順番《じゅんばん》に気《き》をつけよう（まず全体《ぜんたい》から。少《すこ》しずつくわしくしていこう）。

解答欄《かいとうらん》

［　　］の中《なか》にある［　　］の上《うえ》に［　　］［　　］があります。
どこ？　何《なに》？　どんな？　何《なに》が？

白《しろ》いおさらは［　　］形《かたち》で、何《なに》ものっていません。
どんな？

テーブルは［　　］で［　　］本《ほん》の［　　］がついています。

ゆかは［　　］で、テーブルの後《うし》ろの［　　］かべには［　　］［　　］があります。
何色《なにいろ》？　どんな？　どんな？　何《なに》が？

↓答《こた》えは96ページ

Q5

次《つぎ》の絵《え》を見《み》ていない人《ひと》にも伝《つた》わるように、文章《ぶんしょう》で説明《せつめい》しましょう。

レベル ☆☆★

ポイント

1　中心《ちゅうしん》となるものが二《ふた》つあります。
2　この絵《え》から、たし算《ざん》とひき算《ざん》の文章問題《ぶんしょうもんだい》をつくってみて。

解答欄《かいとうらん》

へやの中《なか》にある（　　）の上《うえ》に、（　　）の（　　）がならんでいます。

右《みぎ》がわの（　　）はこには、（　　）つの（　　）が入《はい》っています。

左《ひだり》がわの（　　）は白《しろ》くて、チョコレートがかかった（　　）が（　　）つ入《はい》っています。

テーブルは、（　　）色《いろ》で（　　）本《ほん》の足《あし》がついています。（　　）は（　　）色《いろ》で、テーブルの後《うし》ろにある（　　）壁《かべ》には白《しろ》い（　　）の（　　）があります。

↓答《こた》えは98ページ

Q6

次《つぎ》の絵《え》を見《み》ていない人《ひと》にも伝《つた》わるように、文章《ぶんしょう》で説明《せつめい》しましょう。

レベル
☆☆★

ポイント

1 まずは全体《ぜんたい》のイメージから。中心《ちゅうしん》となるものはいくつあるかな？

2　説明《せつめい》する順番《じゅんばん》を考《かんが》えよう。

解答欄《かいとうらん》

（どこに？　どんな？　何《なに》が？　何《なに》をしている？）＿＿＿＿。

鳥《とり》は二《に》わとも、（鳥《とり》のようすをくわしく）＿＿＿＿。

一《いち》わは（絵《え》の中《なか》のどこにいる？）＿＿＿＿にいて、（どんな動《うご》きをしている？）＿＿＿＿。

もう一《いち》わは（絵《え》の中《なか》のどこにいる？）＿＿＿＿にいて、（どんな動《うご》きをしている？）＿＿＿＿。

空《そら》は（何色《なにいろ》？　どんな何《なに》がどこにある？）＿＿＿＿。

↓答《こた》えは100ページ

Q7

次《つぎ》の絵《え》を見《み》ていない人《ひと》にも伝《つた》わるように、文章《ぶんしょう》で説明《せつめい》しましょう。

レベル ☆☆★

ポイント

1 一文目《いちぶんめ》で、男《おとこ》の子《こ》をどこまでくわしく説明《せつめい》するか、考《かんが》えてみよう。

2 動《うご》きのある男《おとこ》の子《こ》をどのように説明《せつめい》するか考《かんが》えてみよう。

解答欄《かいとうらん》

全体《ぜんたい》を一文《いちぶん》で説明《せつめい》してみよう。

。

男《おとこ》の子《こ》の説明《せつめい》1（上《うえ》からじゅんに、かみの毛《け》、顔《かお》つき）

。

男《おとこ》の子《こ》の説明《せつめい》2（ふくそう）

。

男《おとこ》の子《こ》の説明《せつめい》3（くつ）

。

男《おとこ》の子《こ》の説明《せつめい》4（せなかには？）

。

男《おとこ》の子《こ》はどんなようすで歩《ある》いているかな？

。

↓答《こた》えは102ページ

Q8

次《つぎ》の絵《え》を見《み》ていない人《ひと》にも伝《つた》わるように、文章《ぶんしょう》で説明《せつめい》しましょう。

レベル
☆★★

ポイント

全体《ぜんたい》のイメージがしやすいように、説明《せつめい》の長《なが》さ・くわしさを工夫《くふう》しよう。

解答欄《かいとうらん》

↓答《こた》えは104ページ

Q9

次《つぎ》の絵《え》を見《み》ていない人《ひと》にも伝《つた》わるように、文章《ぶんしょう》で説明《せつめい》しましょう。

レベル ☆★★

ポイント

「中心《ちゅうしん》」となるものとその「周囲《しゅうい》」にあるもの、説明《せつめい》する順番《じゅんばん》を工夫《くふう》しよう。

解答欄《かいとうらん》

↓答《こた》えは106ページ

Q10

次《つぎ》の絵《え》を見《み》ていない人《ひと》にも伝《つた》わるように、文章《ぶんしょう》で説明《せつめい》しましょう。

レベル

☆★★

ポイント

1　この二人《ふたり》の関係《かんけい》は？　兄弟《きょうだい》？　友達《ともだち》？

2　絵《え》に描《か》いてあること、自分《じぶん》が想像《そうぞう》したことの違《ちが》いをはっきりさせよう。

解答欄《かいとうらん》

↓答《こた》えは108ページ

Q11

次《つぎ》の絵《え》を見《み》ていない人《ひと》にも伝《つた》わるように、文章《ぶんしょう》で説明《せつめい》しましょう。

レベル
☆★★

ポイント

中心《ちゅうしん》となるもの、背景《はいけい》を分《わ》けて説明《せつめい》しよう。

解答欄《かいとうらん》

↓答《こた》えは110ページ

Q12

次《つぎ》の絵《え》を見《み》ていない人《ひと》にも伝《つた》わるように、文章《ぶんしょう》で説明《せつめい》しましょう。

レベル
☆★★

ポイント

中心《ちゅうしん》にいる少年《しょうねん》の「動《うご》き」をどう説明《せつめい》するか、考《かんが》えてみよう。

解答欄《かいとうらん》

↓答《こた》えは112ページ

Q13

次《つぎ》の絵《え》を見《み》ていない人《ひと》にも伝《つた》わるように、文章《ぶんしょう》で説明《せつめい》しましょう。

レベル
☆★★

ポイント

今度《こんど》は、背景《はいけい》が複雑《ふくざつ》に！　どういう順番《じゅんばん》で説明《せつめい》するか、考《かんが》えてみよう。

解答欄《かいとうらん》

↓答《こた》えは114ページ

Q14

次《つぎ》の絵《え》を見《み》ていない人《ひと》にも伝《つた》わるように、文章《ぶんしょう》で説明《せつめい》しましょう。

レベル

☆★★

ポイント

今回《こんかい》も、複雑《ふくざつ》な背景《はいけい》をどんな順番《じゅんばん》で説明《せつめい》するか、考《かんが》えてみよう。

解答欄《かいとうらん》

↓答《こた》えは116ページ

Q15

次《つぎ》の絵《え》を見《み》ていない人《ひと》にも伝《つた》わるように、文章《ぶんしょう》で説明《せつめい》しましょう。

レベル ☆★★

ポイント

最初《さいしょ》の文《ぶん》がどうしても長《なが》くなってしまったら、背景《はいけい》の説明《せつめい》はできるだけ少《すく》なめにしてみよう。

解答欄《かいとうらん》

↓答《こた》えは118ページ

Q16

次《つぎ》の絵《え》を見《み》ていない人《ひと》にも伝《つた》わるように、文章《ぶんしょう》で説明《せつめい》しましょう。

レベル
★★★

ポイント

登場人物《とうじょうじんぶつ》が三人《さんにん》に！　三人《さんにん》の少年《しょうねん》を、そしてその場所《ばしょ》をどこまでくわしく説明《せつめい》するか、考《かんが》えてみよう。

解答欄《かいとうらん》

↓答《こた》えは120ページ

Q17

次《つぎ》の絵《え》を見《み》ていない人《ひと》にも伝《つた》わるように、文章《ぶんしょう》で説明《せつめい》しましょう。

レベル ★★★

ポイント

1　絵《え》の中心《ちゅうしん》は何《なに》？

2　四人《よにん》の女《おんな》の子《こ》の関係《かんけい》をどのように説明《せつめい》するか？

解答欄《かいとうらん》

↓答《こた》えは122ページ

Q18

次《つぎ》の絵《え》を見《み》ていない人《ひと》にも伝《つた》わるように、文章《ぶんしょう》で説明《せつめい》しましょう。

レベル
★★★

ポイント

動《うご》きのある六人《ろくにん》の少年《しょうねん》の関係《かんけい》を、どのように説明《せつめい》するか？

解答欄《かいとうらん》

↓答《こた》えは124ページ

Q19

次《つぎ》の絵《え》を見《み》ていない人《ひと》にも伝《つた》わるように、文章《ぶんしょう》で説明《せつめい》しましょう。

レベル
★★★

ポイント

1　家《いえ》の中《なか》を説明《せつめい》するとき、まずは全体《ぜんたい》をどう説明《せつめい》する？

2　それぞれの部屋《へや》を、どんな順番《じゅんばん》で説明《せつめい》する？

解答欄《かいとうらん》

↓答《こた》えは126ページ

Q20

地図《ちず》の左下《ひだりした》の学校《がっこう》から、右上《みぎうえ》の田中《たなか》くんの家《いえ》までの道順《みちじゅん》を説明《せつめい》しましょう。

レベル ★★★

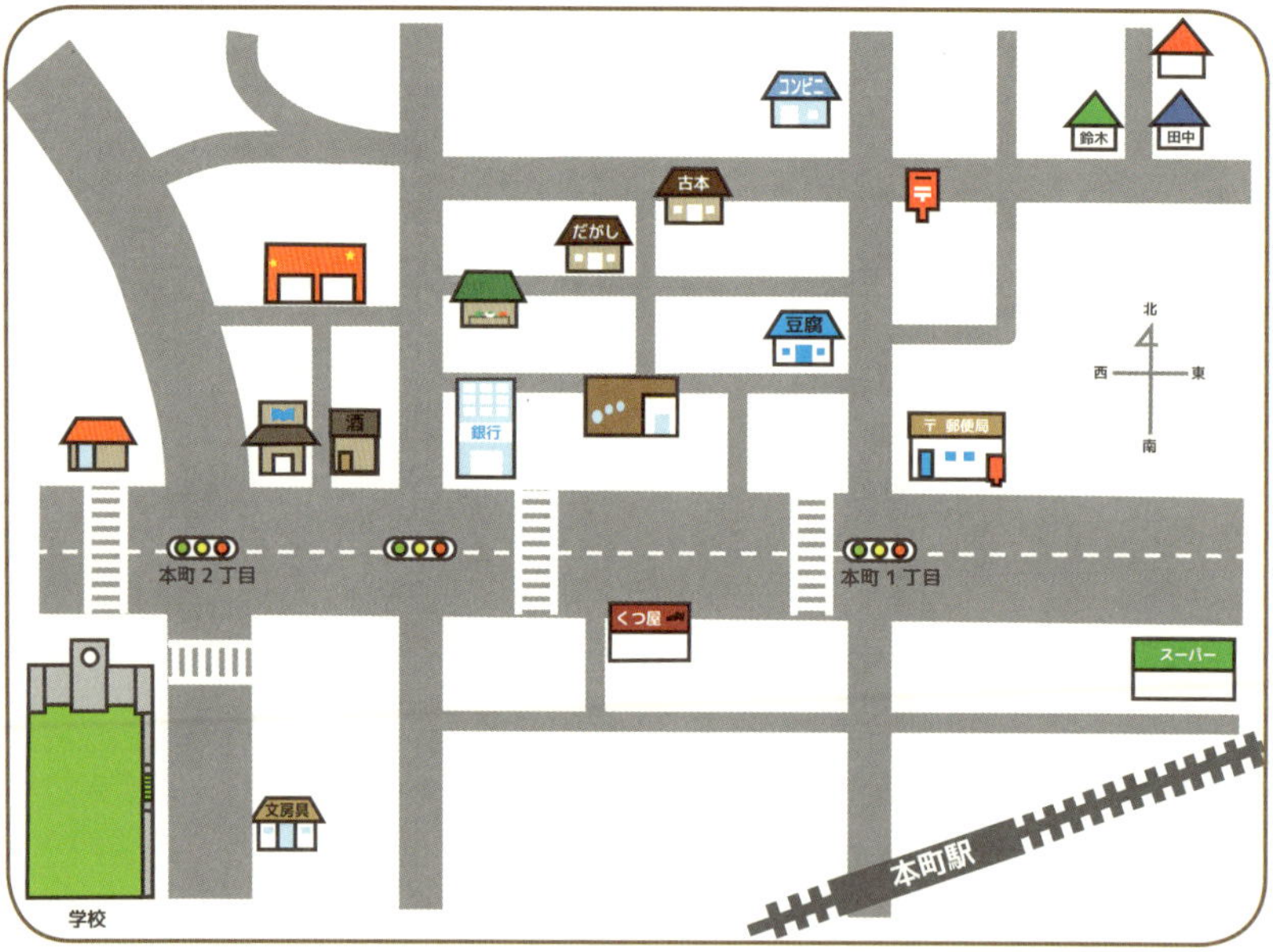

ポイント

1 歩《ある》くときの目印《めじるし》をしっかり説明《せつめい》しよう。

2 自分《じぶん》の書《か》いた説明《せつめい》で、頭《あたま》の中《なか》に地図《ちず》が描《か》けるか確認《かくにん》しよう。

解答欄《かいとうらん》

↓答《こた》えは128ページ

絵から文 A1

解答例《かいとうれい》

青空《あおぞら》にさんさんとかがやく太陽《たいよう》があります。

おうちの方へ

第一問目、まずは何を書けばよいか、とまどってしまった子もいると思います。

- 何を、どのくらいくわしく書けばよいのか?
- 太陽の色は、オレンジなのか、黄色なのか?
- 太陽の周りの光が広がっていくところは、どう書けばよいのか?

「解答例」に書いてあるくらいシンプルでもかまいませんし、色や形をもっとくわしく説明してもかまいません。まずは、自分で書いた文章を後で見て、この絵を思い浮かべられることを目標にしてみてください。

さて、今回のポイントです。まず、絵に出てくるものを一つずつしっかり書きましょう、ということです。今回は、青い空を背景に太陽が一つあります。「青い空」と「太陽」が書けていれば、この部分については○です。

もう一つは、「○○があります」という文の形です。ここでは、○○は「事物（太陽）」となります。「太陽があります」と書けていれば、この部分は○です。

この「○○があります」という主語と述語のある文の形を基本に、「どこに?」（青い空に）、「どんなふうに?」（さんさんと輝く）という説明（修飾語）を加えていきましょう。「オレンジ色の」「まるい」といった言葉でも十分です。

絵から文 A2

解答例《かいとうれい》

木《き》が一本《いっぽん》はえています。ふさふさした緑色《みどりいろ》の葉《は》っぱがたくさんついています。みきから根《ね》っこにかけては茶色《ちゃいろ》で、みきにはふしが二《ふた》つあります。

おうちの方へ

「木」を少しくわしく説明するとしたら、どんな順番がわかりやすいでしょうか？

解答例では、上から順番に、「葉」、「みき」、「ねっこ」と説明しています。もちろん、下からでもかまいません。

「みき」には、「節《ふし》」があります。「節」という言葉がわからなければ、「ラーメンにのっている『なると』のようなもの」とか「ぐるぐるとした渦《うず》」のように説明してもかまいません。

でも、「節」という言葉を使えば、ひとことで説明できるし、読む人にも伝わりやすいですよね。

このように、適切な言葉（物の名前）を知っていると、伝えたいことをより正しく、わかりやすく伝えることができるということに気づかせてあげてください。

絵から文 A3

解答例《かいとうれい》

草原《そうげん》に車《くるま》が二台《にだい》とまっています。
手前《てまえ》の車《くるま》は赤色《あかいろ》で、おくの車《くるま》は黄色《きいろ》です。
二台《にだい》の車《くるま》は、ドアが四《よっ》つあって、うしろにトランクがついています。
草原《そうげん》は緑色《みどりいろ》で、ところどころ長《なが》い草《くさ》が生《は》えています。
そして、草原《そうげん》の上《うえ》には青《あお》い空《そら》が広《ひろ》がっています。

おうちの方へ

今度は、説明すべきものが二つになりました。背景も含めると、四つになります。ここで考えてほしいのが、「この絵の中心は何か」ということです。

この絵の中心は、もちろん「二台の車」です。すると、やはりまずは、解答例のように、草原に二台の車があることを説明するところからはじめるのがよいでしょう。

中心となるものをふくめ、全体像が頭の中で想像できるような説明を最初にもってくると、聞いている人に伝わりやすくなります。

この絵を見て、よく質問されるのが、「車そのものをどう説明するか」です。よほど車好きの子どもなら、「セダン」という言葉も出てくるでしょうが、なかなか出てこないと思います。解答例のように、「ドアが四つあってトランクがある」という説明をしてしまうのもよいと思いますが、それだけではなかなか想像がつかないでしょう。

そこで、「○○のような」という説明のほうが、むしろよいのかもしれません。たとえば、「うちにある車と同じ形で……」とか「○○くんのお父さんの車と同じ形で……」などです。

こうなったときに注意したいのが、「だれに対して説明しているか」です。もし、お母さんに対して説明するなら、「うちにある車と同じ形で……」でよいわけです。

しかし、「うちの車」を知らない先生に説明するとしたらどうでしょう？ このように、「説明を見る人が変われば、書き方を変えなければいけない」ということもあわせて確認できるとなおよいです。

解答例《かいとうれい》

へやの中《なか》にあるテーブルの上《うえ》に白《しろ》いおさらがあります。
白《しろ》いおさらは平《ひら》べったいまるい形《かたち》で、何《なに》ものっていません。
テーブルは茶色《ちゃいろ》で四本《よんほん》の足《あし》がついています。
ゆかはうす茶色《ちゃいろ》で、テーブルの後《うし》ろの白《しろ》いかべには四角《しかく》いまどがあります。

おうちの方へ

今回は、「部屋の中にテーブルがあり、その上にお皿がのっている」という、背景がだいぶ複雑な絵になっています。

説明を読んだときに、おおよそのイメージ（全体像）をつかんでもらうために、「解答例」のように、最初の文では簡単に全体を説明してみましょう。

そしてその後に、中心になっているものからはじめて、その背景、そしてさらにその背景に、と順番にくわしい説明を書いていきます。

たとえば、窓のくわしい形などは書かなくてもかまいません。中心になるものはできるだけくわしく書き、そのほかのものは、だいたいのイメージがつくればいいので簡単に説明します。

絵から文 A5

解答例《かいとうれい》

へやの中《なか》にあるテーブルの上《うえ》に、二《ふた》はこのおかしがならんでいます。右《みぎ》がわの茶色《ちゃいろ》いはこには、三《みっ》つのチョコレートが入っています。左《ひだり》がわのはこは白《しろ》くて、チョコレートがかかったイチゴが四《よっ》つ入《はい》っています。

テーブルは、茶色《ちゃいろ》で四本《よんほん》の足《あし》がついています。ゆかはうす茶色《ちゃいろ》で、テーブルの後《うし》ろにある白《しろ》い壁《かべ》には白《しろ》いわくの窓《まど》があります。

おうちの方へ

今回は、中心となるチョコレートの箱が二つあります。やはり、「解答例」のように、最初の文で全体のイメージを伝えましょう。

ただ、気をつけたいのは、最初の文でくわしく説明しすぎないことです。最初の文をくわしくしすぎると長くなって、逆にわかりにくくなってしまいます。一文の長さは四〇字程度を目安としましょう。

だんだんと絵が複雑になって文が長くなってきたら、読点（「、」）を使うようにします。最初は読点なしで書き、音読して読みにくいところ、自然と息継ぎするところに読点を打つとよいでしょう。

それから、ぜひこの絵からたし算、またはひき算の文章題をつくってもらってください。たとえば、二つの箱に入っているお菓子の合計を求める問題、二つの箱の中のお菓子の数の差を求める問題などです。

文章題では、問題文を読み解くことがカギになります。自分で書いた問題なら解けるでしょう。このようにして、国語の勉強をしながら算数をするのもおすすめです。

絵から文 A6

解答例《かいとうれい》

青空《あおぞら》に二《に》わの白《しろ》い鳥《とり》がとんでいます。
鳥《とり》は二《に》わとも、赤《あか》いくちばしで、頭《あたま》からしっぽまで真《ま》っ白《しろ》です。
一《いち》わはまん中《なか》より右上《みぎうえ》にいて、左《ひだり》のほうに向《む》かってとんでいます。
もう一《いち》わはまん中《なか》より左下《ひだりした》にいて、下《した》をむいています。
空《そら》は水色《みずいろ》で、わたあめのようなもくもくした雲《くも》が左上《ひだりうえ》と右下《みぎした》にあります。

おうちの方へ

今回も、中心となるものが二つあります。ほぼ同じ、白い鳥です。それをどのように説明していくかを考えさせる必要があります。

解答例では、最初に全体をイメージできる一文が入っています。そして、二羽の鳥に共通する特徴を説明しています。その後で、二羽の位置関係を説明し、最後に背景にある青い空と雲の説明と進めています。

複数のものを説明する場合は、一つずつ、たとえば上から順番に説明していく、というやり方もあります。

一方で今回のように、登場するものの特徴を説明したあとに、位置関係を説明するという方法もあります。一つの文が長くならず、わかりやすい方法であれば、どちらでもかまいません。

絵から文 A7

解答例《かいとうれい》

ランドセルをせおった男《おとこ》の子《こ》が歩《ある》いています。
その男《おとこ》の子《こ》は、かみの毛《け》は茶色《ちゃいろ》で、顔《かお》はわらっているようです。
黄色《きいろ》のTシャツを着《き》て、水色《みずいろ》の短《たん》パンをはいています。
くつは真《ま》っ白《しろ》で、くつひもは水色《みずいろ》です。
せなかには、黒《くろ》いランドセルをせおっています。
手《て》をふっていきおいよく歩《ある》いているからか、そのランドセルはふたがあいています。

おうちの方へ

今回大切なのは、「男の子」を最初にどこまで説明し、あとからどのようにくわしく説明するか、です。

いつものように、最初の文で全体を説明したいので、解答例では、「ランドセルをせおった男の子」という言い方をしています。この絵の男の子の一番の特徴を「ランドセル」だと考えているのです。このように、まずどこに焦点を当てるのがいいか、話し合ってもいいでしょう。

男の子をくわしく説明する際には、上から順番に足に向かって説明しています。そして、「歩いている」ということをよく表しているのが、ランドセルのふたです。ふたがはね上がってしまっています。

「ここから想像されることは何か?」をぜひ考えさせてください。「はねあがってしまっているということは、動いている。それも静かに、というより元気よく動いている」――ということが想像できるのではないでしょうか。

絵から文　A8

解答例《かいとうれい》

麦《むぎ》わらぼうしをかぶった男《おとこ》の子《こ》がりんごを食《た》べています。その男《おとこ》の子《こ》は、白《しろ》いTシャツを着《き》ていて、茶色《ちゃいろ》の短《たん》パンと緑色《みどりいろ》のくつをはいています。かみの毛《け》は茶色《ちゃいろ》で、目《め》がわらっています。両手《りょうて》にりんごを持《も》っていて、右手《みぎて》で持《も》っているりんごを食《た》べようとしています。

おうちの方へ

ここからは、解答欄のヒントがなくなります。これまでの問題で解説してきた「まず全体→順番に細部の説明」の流れを、最初に確認しておきましょう。

登場するのは男の子一人ですが、男の子についての説明がかなりたくさん必要になってきました。

最初の一文が肝心です。長くなりすぎないように、でも全体がイメージできるような文を考える必要があります。長さは四〇字くらいまでを目安にしましょう。

そのうえで、説明しきれないところを後から、別の文で説明していきます。

絵から文　A9

解答例《かいとうれい》

男《おとこ》の子《こ》がつくえで本《ほん》を読《よ》んでいます。その男《おとこ》の子《こ》は体《たい》そう着《ぎ》を着《き》ています。上《うえ》はグレーで首《くび》とそでに水色《みずいろ》のふちどりがあるTシャツ、下《した》は青《あお》いズボンで、上《うわ》ばきをはいています。読《よ》んでいる本《ほん》の表紙《ひょうし》は緑色《みどりいろ》です。また、つくえは、教室《きょうしつ》にあるような形《かたち》で茶色《ちゃいろ》です。いすも茶色《ちゃいろ》い木《き》でつくられたものです。

おうちの方へ

解答例では、全体を一文で説明したあと、まず中心である少年を説明しています。そして、読んでいる本の説明、最後に机といすの説明をしています。

中心となるものから、だんだんと外へ離れていく形です。もちろん、この反対でもよいのかもしれませんが、順番として、「中心に近いものから」か、「中心から離れたものから」

かということを統一させ、バラバラに説明しないことが大切です。

解答例《かいとうれい》

二人《ふたり》の男《おとこ》の子《こ》が手《て》をつないで歩《ある》いています。右《みぎ》がわにいる男《おとこ》の子《こ》は、オレンジ色《いろ》の星《ほし》のマークがついた白《しろ》いTシャツに茶色《ちゃいろ》いズボンをはいていて、青《あお》いサスペンダーをつけています。また、緑《みどり》色《いろ》のサンダルをはいていて、左手《ひだりて》には虫《むし》かごを持《も》っています。左《ひだり》がわにいる男《おとこ》の子《こ》は、白《しろ》いTシャツを着《き》て、茶色《ちゃいろ》の短《たん》パンと緑色《みどりいろ》のサンダルをはいています。また、右手《みぎて》で虫《むし》あみをかついでいます。左《ひだり》がわの子《こ》のほうがせが高《たか》いです。

おうちの方へ

説明の基本的な部分、全体をイメージできる文を最初に書き、次に説明する順番やくわしさを考えながら、という点は、今回も同じです。

今回考えてみたいのは、この二人の少年の関係です。この絵からどこまで想像できるでしょうか？　「解答例」では、特にこの関係に触れていませんが、「兄弟」、または「友達どうし」と書いてしまってもかまいません。

ただし、なぜ兄弟（友達どうし）だと思ったのか、その理由も合わせて書いてもらいましょう。たとえば、「背丈の違う二人が手をつないで歩いているので、兄弟のように見えます」と書いてもよいでしょう。

もちろん、「兄弟（友達どうし）である」というのは想像にすぎない、ということも忘れてはいけません。絵に描いてある内容だけに沿うと、あくまでも「背の高さに差のある二人の少年」となります。

絵から文 A11

解答例《かいとうれい》

犬小屋《いぬごや》で犬《いぬ》がえさを食《た》べています。その犬《いぬ》は茶色《ちゃいろ》で、耳《みみ》がたれさがっています。

赤《あか》いお皿《さら》に入《はい》ったドッグフードを、小屋《こや》から体《からだ》を半分出《はんぶんだ》して食《た》べているところです。

犬小屋《いぬごや》はうす茶色《ちゃいろ》で、赤《あか》いやねがついています。

おうちの方へ

全体を表す最初の文のあとは、中心となるものからだんだんと様子をくわしくしていきましょう。

今回は、「犬がどんなふうにえさを食べているか」です。

犬小屋から半分体を出し、お皿に顔をつっこんでいる姿をどんなふうに説明するか、工夫させてみてください。

また、背景としての犬小屋を、いつ・どの程度までくわしく説明するか、も一緒に考えてみてください。

絵から文 A12

解答例《かいとうれい》

プールのまんなかのレーンで、少年《しょうねん》がクロールをしています。
その少年《しょうねん》は、青色《あおいろ》の水《すい》えいぼうしをかぶっていて、息《いき》つぎをしているところです。
プールには、二本《にほん》の黄色《きいろ》いコースロープが引《ひ》かれています。
そして、プールの後《うし》ろには水色《みずいろ》のフェンスがあります。

おうちの方へ

最初に「プールで少年が泳いでいる」という全体のイメージを伝えられる文が必要です。少年は今まさに、顔を水面から少し出し、息をしようとしています。これを「息継ぎ」といいますね。

この「息継ぎ」という言葉を知らなかった場合は、どのように説明すればいいでしょうか。ぜひ話し合ってみてください。

もちろん、適切な一語で表せるのが一番よいのですが、たとえその言葉がわからなくても説明できるということがわかるとよいでしょう。

絵から文 A13

解答例《かいとうれい》

少年《しょうねん》が校《こう》ていのトラックを走《はし》っています。その少年《しょうねん》は、白《しろ》いTシャツを着《き》ていて、青《あお》い短《たん》パンとグレーのくつ下《した》、そして黒《くろ》いくつをはいています。頭《あたま》には、青《あお》いぼうしを前後《まえうし》ろさかさまにかぶっていて、ひっしな顔《かお》をしています。

少年《しょうねん》の左後《ひだりうし》ろには、三階《さんかい》だての校《こう》しゃがあります。そして、校《こう》ていの後《うし》ろのほうには、せの高《たか》いフェンスがあり、その後《うし》ろにはたくさんの木《き》が見《み》えます。

おうちの方へ

「走っている少年」が中心であることから、最初の文は、解答例のように書くのがよいでしょう。

今回のポイントは、たくさんある背景の要素をどのような順番で説明していくか、です。校舎、フェンスとその後ろの木々、と三つありますから、たとえば、「向かって左から」などの順番についてのルールを決めて説明するのがよいでしょう。行ったり来たりしないことが、よい説明文の秘訣です。

絵から文 A14

解答例《かいとうれい》

すべり台《だい》のあるプールで、青《あお》い水《すい》えいぼうをかぶった少年《しょうねん》がクロールでおよいでいます。少年《しょうねん》は、息《いき》つぎをしているところです。プールは、学校《がっこう》にあるような形《かたち》ですが、右《みぎ》はじに黄色《きいろ》いすべり台《だい》がついています。すべり台《だい》からは水《みず》が出《で》ていて、プールに流《なが》れこんでいます。プールサイドはコンクリートで、一《いち》メートルくらいの高《たか》さの青《あお》いフェンスがついています。その外《そと》がわには、フェンスと同《おな》じくらいの高《たか》さの植《う》えこみがあります。

おうちの方へ

今回も、増えてきた背景をいかに説明するかにこだわってみましょう。複雑なものの中からいかに本質をつかむかは、社会に出て生きていくうえでも、とても重要な力になります。

この絵の場合、「上から順に」や「右または左から順に」としてもあまりわかりやすくはならないので、中心に近いものから一つずつ、だんだんと離れていく、という方法がよいでしょう。

「〜から順に」という書き方と同様、「中心から外へ」「外から中心へ」という説明も使えるようになるとよいでしょう。

解答例《かいとうれい》

お母《かあ》さんが台所《だいどころ》においてあるテーブルで、びん入《い》りのオレンジジュースを四《よっ》つのコップについでいます。ちょうど今《いま》、一《いっ》ぱい目《め》をつぎおわって、二《に》はい目《め》をついでいるところです。お母《かあ》さんは、ピンクの長《なが》そでの服《ふく》を着《き》ていて、青《あお》いズボンをはいています。そして、ピンク色《いろ》のふちのある白《しろ》いエプロンをつけています。はいているスリッパはピンク色《いろ》で、赤《あか》いふちがあります。

おうちの方へ

一つの文の長さは四〇字程度が読みやすいですが、その一方で、やはり最初の文で全体をイメージできなければなりません。解答例の最初の文は四七字あります。

そんなとき、二つの文に分けるのが難しければ、読点（「、」）を使いましょう。読みにくくなりそうなところ、読んでいて息つぎしたくなるところに読点を入れます。それだけで読みやすく、わかりやすくなります。

背景の説明は、「台所に置いてあるテーブル」だけに絞っています。台所の説明をもう少しくわしくし、お母さんの服装の説明を省略する、ということも考えられます。

絵から文 A16

解答例《かいとうれい》

町《まち》の公園《こうえん》で、三人《さんにん》の少年《しょうねん》が楽《たの》しそうにサッカーをしています。右《みぎ》がわの少《しょう》年《ねん》がボールをけったところで、おくの少年《しょうねん》がそれをおいかけ、左《ひだり》がわの少《しょう》年《ねん》はそれにあわせるように、走《はし》っています。（＊）三人《さんにん》の少年《しょうねん》がけっているボールは、ちょうど三人《さんにん》の真《ま》ん中《なか》あたりにありま す。この公園《こうえん》は、コンクリートのひくいかべと、せのひくいうえこみにかこまれています。公園《こうえん》のおくのほうには、大《おお》きな木《き》が三本《さんぼん》生《は》えています。

少年の服装についてくわしく説明するなら、（＊）に次の文章を入れてもかまいません。

右《みぎ》がわでボールをけっている少年《しょうねん》は、サッカーユニフォームのような、かたに青《あお》いラインが入《はい》った白《しろ》いTシャツを着《き》て、青《あお》い短《たん》パンをはいています。くつ下《した》は白《しろ》で、くつは水色《みずいろ》です。左《ひだり》がわにいる少年《しょうねん》は、ふだんぎのような、黄《き》みどり色《いろ》のTシャツを着《き》て、茶色《ちゃいろ》の短《たん》パンとみどり色《いろ》のくつ下《した》、そしてはい色《いろ》のくつをはいています。おくでボールをおいかけている少年《しょうねん》は、黒《くろ》いTシャツを着《き》て、青《あお》い短《たん》パンと白《しろ》いくつ下《した》、青《あお》いくつをはいています。

おうちの方へ

中心となる三人の少年、背景ともにかなり複雑になってきました。ここまで複雑になってくると、「何を説明し、何を説明しないか」が大切なポイントになります。この絵の様子をほかの人に伝えるために必要なのは、どこまでくわしい説明なのか、を考えていくことになります。

「解答例」では、三人の位置関係は説明していますが、表情などは説明していません。また、背景の説明でも、さらに奥にある建物の説明は省かれています。

今回の絵で大切なのは、三人の少年が楽しそうに公園でサッカーをしていることであり、公園そのものではないからです。

解答例《かいとうれい》

町《まち》の公園《こうえん》の入口近《いりぐちちか》くで、四人《よにん》の女《おんな》の子《こ》がおしゃべりをしています。四人《よにん》はならんで立《た》っていて、今《いま》は右《みぎ》から三番目《さんばんめ》の、ピンクのカーディガンを着《き》た子《こ》が、右手《みぎて》でジェスチャーをしながら何《なに》かをせつめいしています。あとの三人《さんにん》は、えがおで聞《き》いています。（＊）
公園《こうえん》はコンクリートの低《ひく》いかべでかこまれていて、公園《こうえん》の前《まえ》には、自転車《じてんしゃ》にのった女《おんな》の人《ひと》が通《とお》っています。

女の子の服装についてくわしく説明するなら、（＊）に次の文章を入れてもかまいません。

一番右《いちばんみぎ》がわの女《おんな》の子《こ》は、黄色《きいろ》い半《はん》そでのワンピースを着《き》ています。右《みぎ》から二番目《にばんめ》の女《おんな》の子《こ》は、オレンジ色《いろ》のTシャツを着《き》て、茶色《ちゃいろ》いスカートをはいています。右《みぎ》から三番目《さんばんめ》の女《おんな》の子《こ》は、ピンクのカーディガンに、もう少《すこ》しこい色《いろ》のピンクのスカートをはいています。右《みぎ》から四番目《よんばんめ》の女《おんな》の子《こ》は、オレンジ色《いろ》の半《はん》そでのシャツにみどり色《いろ》のスカートをはいています。

おうちの方へ

まずは、四人の女の子が中心なのか、公園の前を通り過ぎる自転車の女性が中心なのか、を考えてもらってください。「解答例」では、四人の女の子を中心としています。もちろん、自転車の女性を中心としてもかまいません。いずれにしても、「どうしてそれが中心になると考えたのか」を必ず確認してあげてください。

次に、中心となる四人の女の子の様子を確認しましょう。どんな子が話しているのか、どんな雰囲気なのか。そこまでわかれば、大切なところはできたことになります。

あとは、一人ひとりの服装などを説明し、周りの様子を説明します。一人ずつ順番に服装を説明してもいいですが、ここはもう少し簡単でもよいかもしれません。

ただ、一人を説明しているのに、ほかの子は説明しない、などアンバランスにならないように注意してあげてください。どこまでくわしく説明するか決めていくことが大切です。

絵から文 A18

解答例《かいとうれい》

グラウンドで、六人《ろくにん》の男《おとこ》の子《こ》たちがサッカーをしています。一《ひと》つのチームは、黄色《きいろ》いタンクトップのユニホームをつけていて、手前《てまえ》からおくにせめています。もう一《ひと》つのチームは、おくにあるゴールを守《まも》っています。せめ手《て》の一人《ひとり》が、てき二人《ふたり》をぬいて、ゴールそばにいるなかまにパスをしたところで、パスを受《う》けたなかまは、シュートをしようとしています。キーパーは、シュートをしようとしているせんしゅと向《む》きあっています。

おうちの方へ

今回のワークの中で、もっともむずかしい問題の一つです。動きのある六人の少年を、「攻め手」「守り手」に分け、誰が何をしているのかを説明していかない限り、この絵をイメージできる文章にはなりません。

この絵が、どんな状況を切り取ったものなのかを、書きはじめる前にしっかり確認してあげてください。

また、「攻め手」という言葉は難しいと思いますので、「黄色いタンクトップのユニホームをつけているチーム」としてももちろんかまいません。

そして、どこまで詳細な説明を書くのかを、同じく事前にしっかり決めておきましょう。「解答例」では、少年たちの服装についてユニホーム以外は説明していませんが、「誰が」をよりはっきり説明するためには、もう少しあってもよいのかもしれません。

絵から文 A19

解答例《かいとうれい》

手前右《てまえみぎ》がわにげんかんがあり、おくにベランダに面《めん》したまどのある、四角《しかっ》形《けい》のアパートのまどりです。このへやには、しんしつ、せんめん所《じょ》、おふろがあります。

げんかんを入り、へやに上《あ》がってろうかを歩《ある》くと、左《ひだり》がわにせんめん所《じょ》のドアがあります。そのまま進《すす》むと、しんしつがあります。へやの一番《いちばん》おくはまどになっています。

せんめん所《じょ》に続《つづ》くドアを開《あ》けると、正面《しょうめん》にせんめん台《だい》があり、入《はい》ってすぐ左《ひだり》がわにおふろ場《ば》があります。

おうちの方へ

家というものは、かなりシンプルに説明しようとしても、やはり複雑になってしまいます。今までと同様、「いかに全体をイメージしてもらえるか」を考える必要があります。「解答例」では、おおよその形に加え、入口と窓を最初に示しています。「洗面所とおふろのあるワンルームタイプの部屋です」という説明でもいいでしょう。

そして、順序立てて、部屋の構造、そして主な家具などを説明していきます。「解答例」では構造を中心に説明していますが、まずは構造を説明し、そのあとに家具などを説明してもよいかもしれません。

今回は二〇〇字を目標としました。部屋全体の説明としては、あまり詳細にこだわらなくてよいと思います。長くなりすぎてしまうからです。

また、この絵自体は、たとえば「お風呂について説明する」や「部屋について説明する」などと、それぞれのものをくわしく説明させる教材にもなりますので、ぜひお試しください。

絵から文 A20

解答例《かいとうれい》（二〇〇字程度）

学校《がっこう》から田中《たなか》くんの家《いえ》までの道《みち》じゅんを説明《せつめい》します。まず、学校《がっこう》から文《ぶん》ぼう具屋《ぐや》さんがわの道《みち》に出《で》ると、左《ひだり》がわに本町二丁目《ほんまちにちょうめ》の交《こう》さ点《てん》が見《み》えます。その交《こう》さ点《てん》を右《みぎ》にまがり、二《ふた》つ目《め》の信号《しんごう》（本町一丁目《ほんまちいっちょうめ》）までまっすぐ歩《ある》きます。この交《こう》さ点《てん》を左《ひだり》にまがり、右《みぎ》がわにゆうびんポストのある角《かど》まで歩《ある》きます。このポストの角《かど》を右《みぎ》にまがり、まっすぐ歩《ある》いて左《ひだり》がわ二本目《にほんめ》の道《みち》をこえたあと、一《いっ》けん目《め》が田中《たなか》くんの家《いえ》です。

解答例《かいとうれい》（四〇〇字程度）

学校《がっこう》から田中《たなか》くんの家《いえ》までの道《みち》じゅんを説明《せつめい》します。まず、学校《がっこう》から文《ぶん》ぼう具屋《ぐや》さんがわの道《みち》に出《で》ると、左《ひだり》に本町二丁目《ほんまちにちょうめ》の交《こう》さ点《てん》が見《み》えます。その交《こう》さ点《てん》まですすみ、右《みぎ》にまがり、大通《おおどお》りを二《ふた》つ目《め》の信号《しんごう》までまっすぐ歩《ある》きます。二《ふた》つ目《め》の交《こう》さ点《てん》の名前《なまえ》は、「本町一丁目《ほんまちいっちょうめ》」です。

この交《こう》さ点《てん》で、左《ひだり》にまがり、角《かど》のゆうびんきょく、少《すこ》し先《さき》、左《ひだり》がわのとうふやさんの前《まえ》を通《とお》り、まっすぐすすみます。歩《ある》いていくと、右《みぎ》にまがれる二本《にほん》目《め》の道《みち》のかどにゆうびんポストがあります。そこを右《みぎ》にまがります。
その道《みち》をまっすぐ歩《ある》くと、左《ひだり》にまがれる二本目《にほんめ》の道《みち》があります。この道《みち》の手《て》前《まえ》が鈴木《すずき》さんの家《いえ》で、この道《みち》をこえた左《ひだり》がわ一《いっ》けん目《め》が田中《たなか》くんの家《いえ》です。

おうちの方へ

いつものように、最初に何を説明するかを書きます。そのうえで、頭の中に地図が描けるように、進行方向や曲がるところの目印を説明していきます。自分が歩いているつもりになって見える景色を想像することが、上手な説明を書くための一番のポイントです。

この地図も、二つの地点を結んでいろいろな道順が考えられます。ぜひ、いくつかの方法で説明の練習をさせてみてください。

Q1

次《つぎ》の文章《ぶんしょう》を読《よ》んで、想像《そうぞう》したイメージを絵《え》にかきましょう。

レベル ☆☆★

青《あお》い空《そら》に太陽《たいよう》と雲《くも》がうかんでいます。
太陽《たいよう》は右上《みぎうえ》にあり、よこに長《なが》い雲《くも》が左下《ひだりした》にあります。

ポイント
全体《ぜんたい》のイメージを、頭《あたま》の中《なか》で想像《そうぞう》しよう！

解答欄《かいとうらん》

絵《え》をかくのが難《むずか》しい場合《ばあい》は、171ページの絵《え》に色《いろ》をつけてみましょう！（答《こた》えは210ページ）

Q2

次《つぎ》の文章《ぶんしょう》を読《よ》んで、想像《そうぞう》したイメージを絵《え》にかきましょう。

レベル ☆☆★

これは、赤《あか》い実《み》がなっている木《き》です。木《き》のみきは茶色《ちゃいろ》で、二《ふた》つの大《おお》きなふしがついています。ふしの一《ひと》つはみきの上《うえ》のほうに、一《ひと》つは下《した》のほうにあります。根《ね》っこは四《よっ》つにわかれています。葉《は》っぱは緑色《みどりいろ》で、ふさふさとたくさんついていて、その中《なか》に赤《あか》いまるい実《み》が八《やっ》つなっています。

ポイント

わからない言葉《ことば》があるかどうかを確認《かくにん》!

解答欄《かいとうらん》

絵《え》をかくのが難《むずか》しい場合《ばあい》は、173ページの絵《え》に色《いろ》をつけてみましょう!(答《こた》えは210ページ)

Q3

次《つぎ》の文章《ぶんしょう》を読《よ》んで、想像《そうぞう》したイメージを絵《え》にかきましょう。

レベル ☆☆★

大《おお》きな木《き》の下《した》に黄色《きいろ》い車《くるま》がとまっています。車《くるま》にはドアが四《よっ》つあって、トランクがついているタイプの車《くるま》です。木《き》はみきが茶色《ちゃいろ》で、緑色《みどりいろ》の葉《は》っぱがふさふさとたくさんついています。この車《くるま》と木《き》は草原《そうげん》にあって、草原《そうげん》にはたくさんのみじかい草《くさ》がはえています。草原《そうげん》の上《うえ》には青《あお》い空《そら》が広《ひろ》がっています。

ポイント

二《ふた》つのものの位置関係《いちかんけい》に気《き》をつけよう。

解答欄《かいとうらん》

絵《え》をかくのが難《むずか》しい場合《ばあい》は、175ページの絵《え》に色《いろ》をつけてみましょう!(答《こた》えは211ページ)

Q4

次《つぎ》の文章《ぶんしょう》を読《よ》んで、想像《そうぞう》したイメージを絵《え》にかきましょう。

レベル ☆☆★

へやにあるつくえの上《うえ》に、お皿《さら》が一枚《いちまい》おいてあります。白《しろ》くてふちが黄色《きいろ》の、平《ひら》べったいお皿《さら》です。お皿《さら》の上《うえ》には、緑色《みどりいろ》の葉《は》っぱが三枚《さんまい》のっています。大《おお》きな葉《は》が一枚《いちまい》、小《ちい》さな葉《は》が二枚《にまい》です。つくえには、茶色《ちゃいろ》のあしが四本《よんほん》ついています。ゆかはうす茶色《ちゃいろ》で、つくえの向《む》こうがわのかべは白《しろ》で、白《しろ》いまどわくのまどがあります。

ポイント

三《みっ》つのものが出《で》てきます。この三《みっ》つの位置関係《いちかんけい》をつかもう！

解答欄《かいとうらん》

絵《え》をかくのが難《むずか》しい場合《ばあい》は、177ページの絵《え》に色《いろ》をつけてみましょう！（答《こた》えは211ページ）

Q5

次《つぎ》の文章《ぶんしょう》を読《よ》んで、想像《そうぞう》したイメージを絵《え》にかきましょう。

レベル ☆☆★

へやにあるつくえの上《うえ》に、四角《しかく》いおかしのはこが三《みっ》つあります。右《みぎ》がわのはこは茶色《ちゃいろ》で、中《なか》に三《みっ》つのチョコレートが入っています。真ん中《まんなか》と左《ひだり》がわのはこは白《しろ》で、イチゴにチョコレートがかかったおかしが四《よっ》つずつ入《はい》っています。

また、つくえには、茶色《ちゃいろ》のあしが四本《よんほん》ついています。ゆかはうす茶色《ちゃいろ》で、つくえの向《む》こうがわのかべは白《しろ》で、白《しろ》いまどわくのまどがあります。

ポイント

最初《さいしょ》はシンプルに。そこに少《すこ》しずつイメージを足《た》していこう。

解答欄《かいとうらん》

絵《え》をかくのが難《むずか》しい場合《ばあい》は、179ページの絵《え》に色《いろ》をつけてみましょう！（答《こた》えは212ページ）

Q6

次《つぎ》の文章《ぶんしょう》を読《よ》んで、想像《そうぞう》したイメージを絵《え》にかきましょう。

レベル ☆☆★

青空《あおぞら》に白《しろ》い鳥《とり》が二《に》わとんでいます。二《に》わの鳥《とり》は全身白《ぜんしんしろ》で、口《くち》ばしだけ赤色《あかいろ》です。

一《いち》わは真《ま》ん中《なか》より左《ひだり》よりにいて、はねを広《ひろ》げながら下《した》を向《む》いています。

もう一《いち》わは、右上《みぎうえ》にいて左《ひだり》に向《む》かってとんでいます。

また、青空《あおぞら》には白《しろ》いくもが二《ふた》つうかんでいます。一《ひと》つは左上《ひだりうえ》に、もう一《ひと》つは右下《みぎした》にあります。

ポイント

今回《こんかい》の中心《ちゅうしん》は何《なん》だろう？

解答欄《かいとうらん》

絵《え》をかくのが難《むずか》しい場合《ばあい》は、181ページの絵《え》に色《いろ》をつけてみましょう！（答《こた》えは212ページ）

Q7

次《つぎ》の文章《ぶんしょう》を読《よ》んで、想像《そうぞう》したイメージを絵《え》にかきましょう。

レベル ☆★★

ランドセルをせおった女《おんな》の子《こ》が、左《ひだり》を向《む》いて歩《ある》いています。この女《おんな》の子《こ》のかみの毛《け》は茶色《ちゃいろ》で、ピンクのゴムで左右《さゆう》一《ひと》つずつまとめています。黄色《きいろ》い半《はん》そでのワンピースを着《き》ていて、白《しろ》いハイソックスとピンクのくつをはいています。そして、赤《あか》いランドセルをせおい、両手《りょうて》でそのベルトをつかんで歩《ある》いています。顔《かお》はわらっているようです。

ポイント

問題文《もんだいぶん》の説明《せつめい》の順番《じゅんばん》に気《き》をつけて想像《そうぞう》してみよう。

解答欄《かいとうらん》

絵《え》をかくのが難《むずか》しい場合《ばあい》は、183ページの絵《え》に色《いろ》をつけてみましょう！（答《こた》えは213ページ）

Q8

次《つぎ》の文章《ぶんしょう》を読《よ》んで、想像《そうぞう》したイメージを絵《え》にかきましょう。

レベル ☆★★

夜《よる》、男《おとこ》の子《こ》が花火《はなび》をしています。この男《おとこ》の子《こ》は、茶色《ちゃいろ》いかみの毛《け》をして、水色《みずいろ》とグレーのしまもようのゆかたを着《き》ています。そして、青《あお》いげたをはいています。

右手《みぎて》で、もつところがピンク色《いろ》の花火《はなび》をもっていて、花火《はなび》の先《せん》たんからは黄色《きいろ》い火花《ひばな》が広《ひろ》がっています。男《おとこ》の子《こ》の顔《かお》はわらっているようです。

ポイント

説明文《せつめいぶん》に出《で》てこないことは想像《そうぞう》してみよう！

解答欄《かいとうらん》

絵《え》をかくのが難《むずか》しい場合《ばあい》は、185ページの絵《え》に色《いろ》をつけてみましょう！（答《こた》えは213ページ）

Q9

次《つぎ》の文章《ぶんしょう》を読《よ》んで、想像《そうぞう》したイメージを絵《え》にかきましょう。

レベル ☆★★

男《おとこ》の子《こ》が、つくえで手紙《てがみ》を書《か》いています。その男《おとこ》の子《こ》は体《たい》そう着《ぎ》を着《き》ています。上《うえ》はグレーで首《くび》とそでに水色《みずいろ》のふちどりがあるTシャツ、下《した》は青《あお》いズボンで、上《うわ》ばきをはいています。つくえの上《うえ》には、ふうとうとびんせんがあります。また、つくえといすは茶色《ちゃいろ》の木製《もくせい》です。

ポイント

知《し》っている言葉《ことば》でも、いろいろな形《かたち》や意味《いみ》があることを確認《かくにん》しよう。

解答欄《かいとうらん》

絵《え》をかくのが難《むずか》しい場合《ばあい》は、187ページの絵《え》に色《いろ》をつけてみましょう!(答《こた》えは214ページ)

Q10

次《つぎ》の文章《ぶんしょう》を読《よ》んで、想像《そうぞう》したイメージを絵《え》にかきましょう。

レベル ☆★★

ランドセルをせおった男《おとこ》の子《こ》と女《おんな》の子《こ》が、左《ひだり》を向《む》いて歩《ある》いています。男《おとこ》の子《こ》が前《まえ》を、女《おんな》の子《こ》はその後《うし》ろを歩《ある》いています。

男《おとこ》の子《こ》は、緑色《みどりいろ》のTシャツを着《き》て、水色《みずいろ》のハーフパンツをはいています。くつは真《ま》っ白《しろ》で、くつひもは水色《みずいろ》です。せなかには黒《くろ》いランドセルをせおっています。手《て》をふっていきおいよく歩《ある》いているからか、そのランドセルはふたがあいています。また、かみの毛《け》は茶色《ちゃいろ》で、顔《かお》はわらっているようです。

女《おんな》の子《こ》は、黄色《きいろ》い半《はん》そでのワンピースを着《き》ていて、白《しろ》いハイソックスとピンクのくつをはいています。せおっているランドセルは赤色《あかいろ》で、両手《りょうて》でそのベルトをつかんでいます。かみの毛《け》は茶色《ちゃいろ》で、二《ふた》つむすびをしてピンクのゴムをつけています。顔《かお》はわらっているようです。

ポイント

二人《ふたり》の向《む》きや位置《いち》を確認《かくにん》してから、それぞれのくわしい様子《ようす》を描《えが》こう。

解答欄《かいとうらん》

絵《え》をかくのが難《むずか》しい場合《ばあい》は、189ページの絵《え》に色《いろ》をつけてみましょう!(答《こた》えは214ページ)

Q11

次《つぎ》の文章《ぶんしょう》を読《よ》んで、想像《そうぞう》したイメージを絵《え》にかきましょう。

レベル ☆★★

よく晴《は》れた日《ひ》、学校《がっこう》のグラウンドで、麦《むぎ》わらぼうしをかぶった男《おとこ》の子《こ》がりんごをかじっています。男《おとこ》の子《こ》は両手《りょうて》にりんごを持《も》っていますが、右手《みぎて》のりんごをかじっています。

白《しろ》いTシャツを着《き》て、うす茶色《ちゃいろ》のハーフパンツをはき、みどり色《いろ》のくつをはいています。麦《むぎ》わらぼうしの左前《ひだりまえ》の部分《ぶぶん》が少《すこ》し、ほつれています。

グラウンドには白《しろ》い線《せん》で、走《はし》るためのトラックがかかれています。グラウンドの右《みぎ》おくには、三本《さんぼん》ほどの大《おお》きな木《き》が植《う》えられており、左《ひだり》おくには、三階建《さんかいだ》てで、中央《ちゅうおう》に時計《とけい》とうのあるねずみ色《いろ》のかべの校舎《こうしゃ》があります。

ポイント

背景《はいけい》と中心《ちゅうしん》を合《あ》わせてイメージしよう。

解答欄《かいとうらん》

絵《え》をかくのが難《むずか》しい場合《ばあい》は、191ページの絵《え》に色《いろ》をつけてみましょう！（答《こた》えは215ページ）

Q12

次《つぎ》の文章《ぶんしょう》を読《よ》んで、想像《そうぞう》したイメージを絵《え》にかきましょう。

レベル ☆★★

よく晴《は》れた日《ひ》、雪山《ゆきやま》で女《おんな》の子《こ》がスノーボードをしています。その女《おんな》の子《こ》は、上下《じょうげ》ピンクのスキーウェアを着《き》ています。うわぎのほうがこいピンク色で、黄色《きいろ》のふちどりがあります。そして、ズボンと同《おな》じくらいのこさのピンクのニットぼうをかぶっています。ぼうしから、長《なが》い茶色《ちゃいろ》いかみの毛《け》が少《すこ》し出《で》ています。また、黒《くろ》い手《て》ぶくろをつけていて、うわぎと同《おな》じくらいのこさのピンク色《いろ》のスノーボードにのっています。

左《ひだり》がわの雪山《ゆきやま》のおくには、大《おお》きな木《き》が三本《さんぼん》見《み》えています。右《みぎ》がわのしゃめんには、山頂《さんちょう》に向《む》かってリフトがのびています。

ポイント

複雑《ふくざつ》になってきたけれど、できるだけシンプルに全体《ぜんたい》を想像《そうぞう》しよう。

解答欄《かいとうらん》

絵《え》をかくのが難《むずか》しい場合《ばあい》は、193ページの絵《え》に色《いろ》をつけてみましょう！（答《こた》えは215ページ）

Q13

次《つぎ》の文章《ぶんしょう》を読《よ》んで、想像《そうぞう》したイメージを絵《え》にかきましょう。

レベル ☆★★

庭《にわ》で、耳《みみ》がたれた茶色《ちゃいろ》の犬《いぬ》が、赤色《あかいろ》の屋根《やね》の犬小屋《いぬごや》から半分体《はんぶんからだ》を出《だ》して、えさを食《た》べています。えさは、赤《あか》くて丸《まる》いお皿《さら》に入《はい》っています。犬小屋《いぬごや》は、ピンク色《いろ》の屋根《やね》、うすい茶色《ちゃいろ》のかべの家《いえ》の角《かど》においてあります。向《む》かって右《みぎ》のかべには、こしくらいの高《たか》さにまどがついていて、左《ひだり》のかべには大《おお》きなまどと、えんがわがついています。

ポイント

家《いえ》、犬小屋《いぬごや》、犬《いぬ》の位置関係《いちかんけい》を想像《そうぞう》してみよう。

解答欄《かいとうらん》

絵《え》をかくのが難《むずか》しい場合《ばあい》は、195ページの絵《え》に色《いろ》をつけてみましょう！（答《こた》えは216ページ）

Q14

次《つぎ》の文章《ぶんしょう》を読《よ》んで、想像《そうぞう》したイメージを絵《え》にかきましょう。

レベル ☆★★

ぼくは、友《とも》だちとプールに来《き》ています。学校《がっこう》のプールのような四角《しかく》いプールですが、黄色《きいろ》いスライダーがついています。ぼくたちは、最初《さいしょ》、二人《ふたり》でいっしょに泳《およ》いでいましたが、今《いま》、友《とも》だちは、青《あお》い水泳《すいえい》ぼうをかぶって、左《ひだり》おくのほうで、クロールをしています。ぼくは、緑《みどり》の水泳《すいえい》ぼうをかぶって右手前《みぎてまえ》で、黄色《きいろ》と白《しろ》のしまもようのビーチボールを友《とも》だちに投《な》げようとしています。でも、友《とも》だちはまったくぼくを見《み》ずに泳《およ》いでいます。プールには、ぼくたち二人《ふたり》のほかにはだれもいません。

ポイント

中心《ちゅうしん》は何《なに》？　物語《ものがたり》から、今《いま》の様子《ようす》の背景《はいけい》と中心《ちゅうしん》をしっかり読《よ》み分《わ》けよう。

解答欄《かいとうらん》

絵《え》をかくのが難《むずか》しい場合《ばあい》は、197ページの絵《え》に色《いろ》をつけてみましょう！（答《こた》えは216ページ）

Q15

次《つぎ》の文章《ぶんしょう》を読《よ》んで、想像《そうぞう》したイメージを絵《え》にかきましょう。

レベル ☆★★

ある日《ひ》の午後《ごご》、まちの公園《こうえん》でのようすです。この公園《こうえん》は、コンクリートのひくいへいにかこまれていて、へいの近《ちか》くには、緑《みどり》の木《き》が植《う》えられています。おくのほうには赤《あか》い鉄《てつ》ぼうや、すな場《ば》もあります。

この公園《こうえん》の入口《いりぐち》そばで、女《おんな》の子《こ》が二人《ふたり》、話《はなし》に花《はな》をさかせています。

二人《ふたり》の女《おんな》の子《こ》のうち、右《みぎ》がわの女《おんな》の子《こ》は、黄色《きいろ》いシャツ、ピンクのカーディガンにピンクのスカートをはいています。

左《ひだり》がわの女《おんな》の子《こ》は、オレンジ色《いろ》のブラウスに、みどり色《いろ》のスカートをはいています。二人《ふたり》とも、白《しろ》いハイソックスをはいて茶色《ちゃいろ》いくつをはいています。

ポイント

この文章《ぶんしょう》から、本当《ほんとう》の中心《ちゅうしん》は何《なに》か、大切《たいせつ》な部分《ぶぶん》をまず探《さが》してみよう。

解答欄《かいとうらん》

絵《え》をかくのが難《むずか》しい場合《ばあい》は、199ページの絵《え》に色《いろ》をつけてみましょう！（答《こた》えは217ページ）

Q16

次《つぎ》の文章《ぶんしょう》を読《よ》んで、想像《そうぞう》したイメージを絵《え》にかきましょう。

レベル ☆★★

お母《かあ》さんが今《いま》、食卓《しょくたく》で食事《しょくじ》の準備《じゅんび》をしています。左手《ひだりて》にお茶《ちゃ》わんを持《も》ち、すいはんきからごはんをよそっています。お母《かあ》さんは、ピンク色《いろ》の長《なが》そでのセーターと青《あお》いズボンに、ピンクのひもがついた白《しろ》いエプロンをつけています。食卓《しょくたく》の向《む》こうがわには、キッチンの流《なが》し台《だい》、ガスレンジが一台《いちだい》ずつあります。ガスレンジにはなべが、その左《ひだり》には植物《しょくぶつ》をさした花《か》びんがおいてあります。キッチンのおくの右側《みぎがわ》には、冷《れい》ぞう庫《こ》がおいてあります。食卓《しょくたく》には、すいはんきが一《ひと》つとお茶《ちゃ》わんが二《ふた》つおいてあります。

ポイント

キッチンの広《ひろ》い範囲《はんい》が説明《せつめい》されているが、その中《なか》から中心《ちゅうしん》となるシーンを探《さが》してみよう。

解答欄《かいとうらん》

絵《え》をかくのが難《むずか》しい場合《ばあい》は、201ページの絵《え》に色《いろ》をつけてみましょう！（答《こた》えは217ページ）

Q17

次《つぎ》の文章《ぶんしょう》を読《よ》んで、想像《そうぞう》したイメージを絵《え》にかきましょう。

レベル ★★★

青《あお》い海《うみ》にヨットが三《さん》せきうかんでいます。一番手前《いちばんてまえ》のヨットは、白《しろ》と青《あお》のしまもようです。真《ま》ん中《なか》のヨットは黄色《きいろ》で、白《しろ》いしまが入《はい》っています。一番《いちばん》おくにあるヨットは、船体《せんたい》は白《しろ》、ほ・はにじ色《いろ》です。一番手前《いちばんてまえ》と真《ま》ん中《なか》のヨットの間《あいだ》には、一頭《いっとう》の水色《みずいろ》のイルカが水《みず》から飛《と》び出《だ》してきています。また、青《あお》い空《そら》には、もくもくとした入道雲《にゅうどうぐも》が、大《だい》・中《ちゅう》・小《しょう》三《みっ》つうかんでいます。

ポイント

ヨット三《さん》せきとイルカの位置関係《いちかんけい》を想像《そうぞう》してみよう。

解答欄《かいとうらん》

絵《え》をかくのが難《むずか》しい場合《ばあい》は、203ページの絵《え》に色《いろ》をつけてみましょう！（答《こた》えは218ページ）

Q18

次《つぎ》の文章《ぶんしょう》を読《よ》んで、想像《そうぞう》したイメージを絵《え》にかきましょう。

レベル ★★★

女《おんな》の子《こ》が、森《もり》の中《なか》の、丸太《まるた》でできた、赤《あか》い三角屋根《さんかくやね》の家《いえ》にすんでいます。この女《おんな》の子《こ》は、かみを二《ふた》つ結《むす》びにしていて、目《め》がまんまるです。女《おんな》の子《こ》は今《いま》、一人《ひとり》でるす番《ばん》をしています。そして、お母《かあ》さんが帰《かえ》ってくるのがまち遠《どお》しくて、まどにほおづえをついて、外《そと》を見《み》ています。この家《いえ》には、レンガでできたえんとつと、四角《しかく》いまどがあります。えんとつからは、けむりが少《すこ》し出《で》ています。

ポイント

シーンの説明《せつめい》に必要《ひつよう》なことと、そうでないことを見極《みきわ》めよう。

解答欄《かいとうらん》

絵《え》をかくのが難《むずか》しい場合《ばあい》は、205ページの絵《え》に色《いろ》をつけてみましょう！（答《こた》えは218ページ）

Q19

次《つぎ》の文章《ぶんしょう》を読《よ》んで、想像《そうぞう》したイメージを絵《え》にかきましょう。

レベル ★★★

わたしの部屋《へや》の説明《せつめい》をします。わたしの部屋《へや》は、姉《あね》と二人部屋《ふたりべや》です。ほぼきれいな正方形《せいほうけい》の部屋《へや》ですが、真《ま》ん中《なか》で区切《くぎ》って姉《あね》といっしょに使《つか》っています。正方形《せいほうけい》の左下《ひだりした》の部分《ぶぶん》に、入口《いりぐち》のドアがあります。ドアを入《はい》ると、向《む》かって左《ひだり》側《がわ》は姉《あね》の部屋《へや》、右側《みぎがわ》はわたしの部屋《へや》です。部屋《へや》の中央《ちゅうおう》に二段《にだん》ベッドをおき、姉《あね》の場所《ばしょ》とわたしの場所《ばしょ》を分《わ》けています。

姉《あね》の場所《ばしょ》は、入口《いりぐち》を入《はい》って左側《ひだりがわ》に本《ほん》だながあり、その次《つぎ》にクローゼット、一《いち》番《ばん》おくに勉強机《べんきょうづくえ》がおくの窓《まど》に向《む》かっておいてあります。わたしの場所《ばしょ》は、ベッドの向《む》こう側《がわ》です。入口《いりぐち》から見《み》て、右《みぎ》おくのかべにそって、入口側《いりぐちがわ》から順《じゅん》に、クローゼット、勉強机《べんきょうづくえ》、本《ほん》だなの順《じゅん》においてあります。部屋《へや》のかべはうすいピンク色《いろ》、ゆかは白《しろ》です。

ポイント

部屋《へや》の全体図《ぜんたいず》を想像《そうぞう》しよう。そして、さまざまなものの位置関係《いちかんけい》をしっかりつかもう。

✓ 解答欄《かいとうらん》

絵《え》をかくのが難《むずか》しい場合《ばあい》は、207ページの絵《え》に色《いろ》をつけてみましょう！（答《こた》えは219ページ）

Q20

次《つぎ》の文章《ぶんしょう》を読《よ》んで、わたしの家《いえ》から本屋《ほんや》さんまでの道《みち》のりを地図《ちず》にかきましょう。

レベル ★★★

これから、わたしの家《いえ》から本屋《ほんや》さんまでの道《みち》のりを説明《せつめい》します。わたしの家《いえ》を地図《ちず》の右上《みぎうえ》におくと、本屋《ほんや》さんは左下《ひだりした》にあります。家《いえ》を左《ひだり》（地図《ちず》の下方向《したほうこう》）に出《で》て、最初《さいしょ》の角《かど》、鈴木《すずき》さんと田中《たなか》さんの家《いえ》の前《まえ》を右《みぎ》に曲《ま》がります。二《ふた》つ目《め》の角《かど》にゆうびんポストがあるので、そこを左《ひだり》に曲《ま》がります。直進《ちょくしん》して、一《ひと》つ目《め》の信号《しんごう》「本町一丁目《ほんまちいっちょうめ》」で右《みぎ》に曲《ま》がります。大通《おおどお》りを歩《ある》き、銀行《ぎんこう》の前《まえ》をこえ、信号《しんごう》をわたって、酒屋《さかや》の前《まえ》をこえると、その次《つぎ》のお店《みせ》が本屋《ほんや》さんです。

ポイント

1　行動《こうどう》の全体像《ぜんたいぞう》を、歩《ある》いているつもりで想像《そうぞう》しよう。
2　道順《みちじゅん》に出《で》てくるものの位置関係《いちかんけい》をしっかりつかもう。

解答欄《かいとうらん》

地図《ちず》をかくのが難《むずか》しい場合《ばあい》は、209ページの地図《ちず》で道順《みちじゅん》をたどってみましょう！（答《こた》えは219ページ）

おうちの方へ

最初の文を見て、まずは絵のイメージを頭の中に描かせてください。そこに、二文目以降の文から、よりくわしいイメージを足していくよう促してあげてください。上手な絵である必要はありません。頭の中にあるイメージをそのまま描かせればよいのです。

たとえば、解答例の絵とくらべて、「太陽の形が違う」とか「雲の形が異なる」という問題文にはない部分は特に、「問題文にはない」ということを確認してあげてください。想像した部分と、指示のあった部分の区別をつけることが大事です。

「問題文にはなかったね。だから想像で描いていいんだよ」と確認してあげればいいでしょう。

また、「解答例」は一つの例にすぎません。まったく同じでないからといって×にはせず、位置関係や色が合っていれば○にしてあげてください。

最初から絵を描くことが難しい場合は、左ページの絵に色をつけるだけでも、よい学びとなります。

絵《え》が難《むずか》しかったら、色《いろ》をぬってみよう！

（答《こた》えは210ページ）

文から絵 Q2

おうちの方へ

ここでも、「頭の中で、全体をイメージする」ということをアドバイスしてあげてください。ここではそれに加えて、わからない言葉に引っかかるよう導いてあげてください。たとえば、「木のみき」「ふし」。おそらく、わからなければ、絵の中には入ってこないでしょう。わからない言葉が出てきたら、はっきり「わからない」と言えるようになることが第一の目標です。もしそれらが絵に入っていなかったら、必ずその言葉の意味を尋ねてあげてください。本人にとって、よい気づきとなります。

もちろん、答えられなくてもかまいません。お子さんが「わからない」ということをしっかり確認してから、その言葉の意味を教えてあげてください。できれば、一緒に調べるととても良い勉強になります。

最初から絵を描くことが難しい場合は、左ページの絵に色をつけるだけでも、よい学びとなります。

絵《え》が難《むずか》しかったら、色《いろ》をぬってみよう！

（答《こた》えは210ページ）

文から絵 Q3

おうちの方へ

木と車の位置関係はどうなっているでしょうか。まずは、最初の文で登場する二つのものの位置関係をつかみましょう。

そしてそこに、車や木の形など、よりくわしい情報を足していきます。今回もわからない言葉は一緒に確認し、教えてあげるか調べるかしてみてください。

最初から絵を描くことが難しい場合は、左ページの絵に色をつけるだけでも、よい学びとなります。

絵《え》が難《むずか》しかったら、色《いろ》をぬってみよう！

（答《こた》えは211ページ）

文から絵 Q4

おうちの方へ

「机とお皿、机と壁や窓の位置関係を絵として表現できるか」を大切にします。

机そのものが、立体的に見えるかどうかなどは、あまり気にせずに描けるとよいのですが、どうしても気になってしまう場合は、「絵から文」にある机の絵（56ページ）を参考に見せながら描かせてください。

また、お皿に載っている葉三枚の位置関係は問題文には書かれていません。書かれていないことを確認したうえで、想像で自由に描かせてあげてください。

最初から絵を描くことが難しい場合は、左ページの絵に色をつけるだけでも、よい学びとなります。

絵《え》が難《むずか》しかったら、色《いろ》をぬってみよう！

（答《こた》えは211ページ）

文から絵 Q.5

おうちの方へ

「机上の三つの箱、色なし」から始まり、色がつき、中身が決まり、箱の中のお菓子の数が決まり……という具合に、文の情報がだんだんくわしくなっていきます。

頭の中で、シンプルな絵にだんだんと色をぬっていくように、くわしいイメージを足していけるとよいと思います。

この絵からは、簡単なたし算、ひき算とかけ算の問題がつくれます。絵を描いたあとに、ぜひ文章題をつくってもらってください。

たとえば、

「机の上におかしは全部で何個ありますか？　たし算を使って求めましょう」

「チョコレートのおかし、いちごにチョコレートのかかったおかし、どちらが何個多いですか？」などです。

最初から絵を描くことが難しい場合は、左ページの絵に色をつけるだけでも、よい学びとなります。

絵《え》が難《むずか》しかったら、色《いろ》をぬってみよう！

（答《こた》えは212ページ）

文から絵 Q.6

おうちの方へ

最初の文から、今回の中心が「二羽の白い鳥」だとつかむことが大切です。そのうえで、鳥の様子を説明文どおりに描いていきます。鳥を描いたあとに、背景である雲や空を入れていきましょう。

最初から絵を描くことが難しい場合は、左ページの絵に色をつけるだけでも、よい学びとなります。鳥が一羽しかいないので、もう一羽、描かせてみてください。

絵《え》が難《むずか》しかったら、色《いろ》をぬってみよう！（足《た》りないものがあるよ）

（答《こた》えは212ページ）

文から絵 Q7

おうちの方へ

登場するのは女の子一人ですが、「どんな女の子なのか」を正しくつかむ必要があります。

今回の説明では、上から順番に説明し、あとから「ランドセル」と「表情」をつけたしています。

わかる言葉、わからない言葉の区別も大切にしながら、「歩いている女の子」という全体像を、だんだんとくわしくしていくように絵にしていきましょう。

最初から絵を描くことが難しい場合は、左ページの絵に色をつけるだけでも、よい学びとなります。

絵《え》が難《むずか》しかったら、色《いろ》をぬってみよう！

（答《こた》えは213ページ）

文から絵 Q.8

おうちの方へ

文章から、花火をしている様子をできるだけくわしく想像してみてください。説明に出てこないことがあれば、想像させてみてください。

たとえば、ゆかたには帯があるはずですが、この説明には出てきません。まずは、「説明にはない」ということを確認したうえで、想像して描かせてみてください。

もちろん、自由な想像でかまいませんが、なぜその想像にいたったのか、ぜひ聞いてみてください。

最初から絵を描くことが難しい場合は、左ページの絵に色をつけるだけでも、よい学びとなります。

絵《え》が難《むずか》しかったら、色《いろ》をぬってみよう！

（答《こた》えは213ページ）

文から絵 Q9

おうちの方へ

「つくえ」という言葉を見て、どんな机を想像したでしょうか？　家庭の食卓のような机、勉強机、学校の教室にあるような机など、いろいろな想像ができますね。

「解答例」では、学校の教室にあるような机が描かれていますが、ほかの形の机でももちろん問題ありません。

「つくえ」にもいろいろなものがある、ということをぜひ確認してください。

最初から絵を描くことが難しい場合は、左ページの絵に色をつけるだけでも、よい学びとなります。

絵《え》が難《むずか》しかったら、色《いろ》をぬってみよう！

（答《こた》えは214ページ）

文から絵 Q.10

おうちの方へ

男の子と女の子は、二人ともこの絵の中心です。まずは二人の位置関係を想像します。「解答例」と多少構図が違っても、問題文の内容に合っているようでしたら、○にしてあげましょう。解答例は、一つの例にすぎません。

そのあとは、それぞれが順番に説明されていますから、一人ずつ想像しながら絵に描いていきましょう。

最初から絵を描くことが難しい場合は、左ページの絵に色をつけるだけでも、よい学びとなります。

絵《え》が難《むずか》しかったら、色《いろ》をぬってみよう！

（答《こた》えは214ページ）

文から絵 Q.11

おうちの方へ

中心が男の子であることはすぐにわかると思いますが、背景となるグラウンドや木々、校舎の位置関係や大きさをつかむことが大切です。

もちろん、説明文だけではわからない、想像しなければならないところもあると思います。描き終わったら、「説明どおりに描いたところ」と「想像で描いたところ」の確認をしてください。

最初から絵を描くことが難しい場合は、左ページの絵に背景をつけたして、色をつけるだけでも、よい学びとなります。

足《た》りないものを足《た》して、色《いろ》をぬってみよう！

（答《こた》えは215ページ）

文から絵 Q.12

おうちの方へ

やはり、「雪山でのスノーボード」という全体像を想像できるか、が大切になります。

そして、今回は雪山でのスノーボードシーンという「動き」のある全体像となります。いかに、動きを切り取った形でイメージできるかを工夫させてみましょう。

この問題でも、女の子の表情やスキーウェアの柄など問題文には書かれていない部分がたくさんあります。

文章に書かれているかいないかを確認したうえで、想像して描かせてみましょう。

最初から絵を描くことが難しい場合は、左ページの絵に背景をつけたして、色をつけるだけでも、よい学びとなります。

足《た》りないものを足《た》して、色《いろ》をぬってみよう！

（答《こた》えは215ページ）

文から絵 Q.13

おうちの方へ

三つのものが重なっています。この問題文では、最初に犬小屋と犬の説明があり、あとからその隣にある家、という形で家の説明が出てきます。

もちろん、「犬が餌を食べている」のが中心ですから、まずはそこをしっかり想像させましょう。「解答例」では、家もしっかりと描かれていますが、家が犬小屋の隣にあることがわかれば十分です。

三つのもの（犬、犬小屋、家）の位置関係をしっかりつかめれば、この問題の目標はクリアです。

最初から絵を描くことが難しい場合は、左ページの絵に背景をつけたして、色をつけるだけでも、よい学びとなります。

足《た》りないものを足《た》して、色《いろ》をぬってみよう！

（答《こた》えは216ページ）

文から絵 Q14

おうちの方へ

少し、物語のように書かれた文章です。これまでの文章とは少し違いますね。その中で、中心となるものをしっかり探させましょう。

友達二人の表情やプールのまわりの様子などは、問題文には説明がありません。「ない」ということを確認し、想像して描かせてみてください。

また、「解答例」と違うところを探し、同じ「プール」といっても、人によって思い描くものが違うということを意識させてあげてください。

最初から絵を描くことが難しい場合は、左ページの絵に背景をつけたして、色をつけるだけでも、よい学びとなります。

足《た》りないものを足《た》して、色《いろ》をぬってみよう！

（答《こた》えは216ページ）

文から絵 Q.15

おうちの方へ

中心となるものは何か、文章全体から考えてみてください。この文章では、「最初に全体イメージを」という原則から少し離れた書き方がされています。日本語の多くの文では、この文のように、最初に情景説明から入り、本題が後から出てくる形で書かれていますので、この形にも慣れることが必要です。

この文の中心は、「二人の女の子が公園の入口付近でおしゃべりをしている」になります。これをつかみ、絵にできたでしょうか？もちろん、公園の様子や二人の少女の様子など、説明文に書かれていないことを考えてみることもすばらしい練習となります。

最初から絵を描くことが難しい場合は、左ページの絵に背景をつけたして、色をつけるだけでも、よい学びとなります。

足《た》りないものを足《た》して、色《いろ》をぬってみよう！

（答《こた》えは217ページ）

文から絵 Q.16

おうちの方へ

かなりくわしく説明がありますが、「一番中心なのは何か?」を考えるのに適した問題です。

問題文では、背景である場所や周りにあるものまで、たっぷり説明してくれていますが、その中で「一番伝えるべきものは何か?」をつかめるとよいでしょう。

この絵では、「お母さんがキッチンの食卓でごはんをよそっている」が中心だということがわかるのが目標です。それがわかれば、背景が少し抜けていても大きな問題ではありません。

最初から絵を描くことが難しい場合は、左ページの絵に背景をつけたして、色をつけるだけでも、よい学びとなります。

足《た》りないものを足《た》して、色《いろ》をぬってみよう!

（答《こた》えは217ページ）

文から絵 Q.17

おうちの方へ

今回は、ヨットが三隻、イルカが一頭と、合計四つのものが登場しています。ものの位置関係をしっかりつかむいい練習になります。

少し難しいかもしれませんが、「何がどこにあるのか？」の確認をしていきましょう。

最初から絵を描くことが難しい場合は、左ページの絵に足りないものをつけたして、色をつけるだけでも、よい学びとなります。

足《た》りないものを足《た》して、色《いろ》をぬってみよう！

（答《こた》えは218ページ）

文から絵 Q18

おうちの方へ

このシーンを絵で描くとしたら、どの部分が必要で、どの部分がいらないのかを取捨選択させましょう。

たとえば、「お母さんが帰ってくるのがまち遠しくて、まどにほおづえをついて、外を見ています」のうち、「お母さんが帰ってくるのがまち遠しくて」は絵で表しにくいですが、「まどにほおづえをついて、外を見ています」は絵で表現できますね。

最初から絵を描くことが難しい場合は、左ページの絵に足りないものをつけたして、色をつけるだけでも、よい学びとなります。

足《た》りないものを足《た》して、色《いろ》をぬってみよう！

（答《こた》えは218ページ）

おうちの方へ

部屋について説明するとき、全体の形と、その中の「どこに何があるか」が最も重要な情報になります。

細かいものの形はあまり気にせず、どこに何があるかをしっかり確認し、絵にしてもらいましょう。

実際に、自分の部屋についても文章で説明させてみるといい練習になります。その際、伝える相手は「親」ではなく、「部屋をまだ見たことがない友達」を想定するとなおいいでしょう。親を想定した場合、くわしく説明しなくても伝わると思ってしまうからです。

最初から絵を描くことが難しい場合は、左ページの絵に足りないものをつけたして、色をつけるだけでも、よい学びとなります。

足《た》りないものを足《た》して、色《いろ》をぬってみよう！

（答《こた》えは219ページ）

文から絵 Q20

おうちの方へ

まず、地図の上での左右と、見ている自分の左右がまざらないように注意します。

地図が描けたら、問題文に合っているかどうか、実際に道のりをたどらせてみましょう。

地図を描くことが難しい場合は、次の説明を読みながら左の地図で道順をたどるだけでも、よい学びとなります。


これから、わたしの家から本屋さんまでの道のりを説明します。

わたしの家は、地図の右上の赤い屋根の家です。家を左に出て、最初の角、鈴木さんと田中さんの家の前を右に曲がります。二つ目の角にゆうびんポストがあるので、そこを左に曲がります。

直進して、一つ目の信号「本町一丁目」で右に曲がります。大通りを歩き、銀行の前を通りこし、信号をわたって、二つめのお店が本屋さんです。

地図《ちず》で道順《みちじゅん》をたどってみよう！

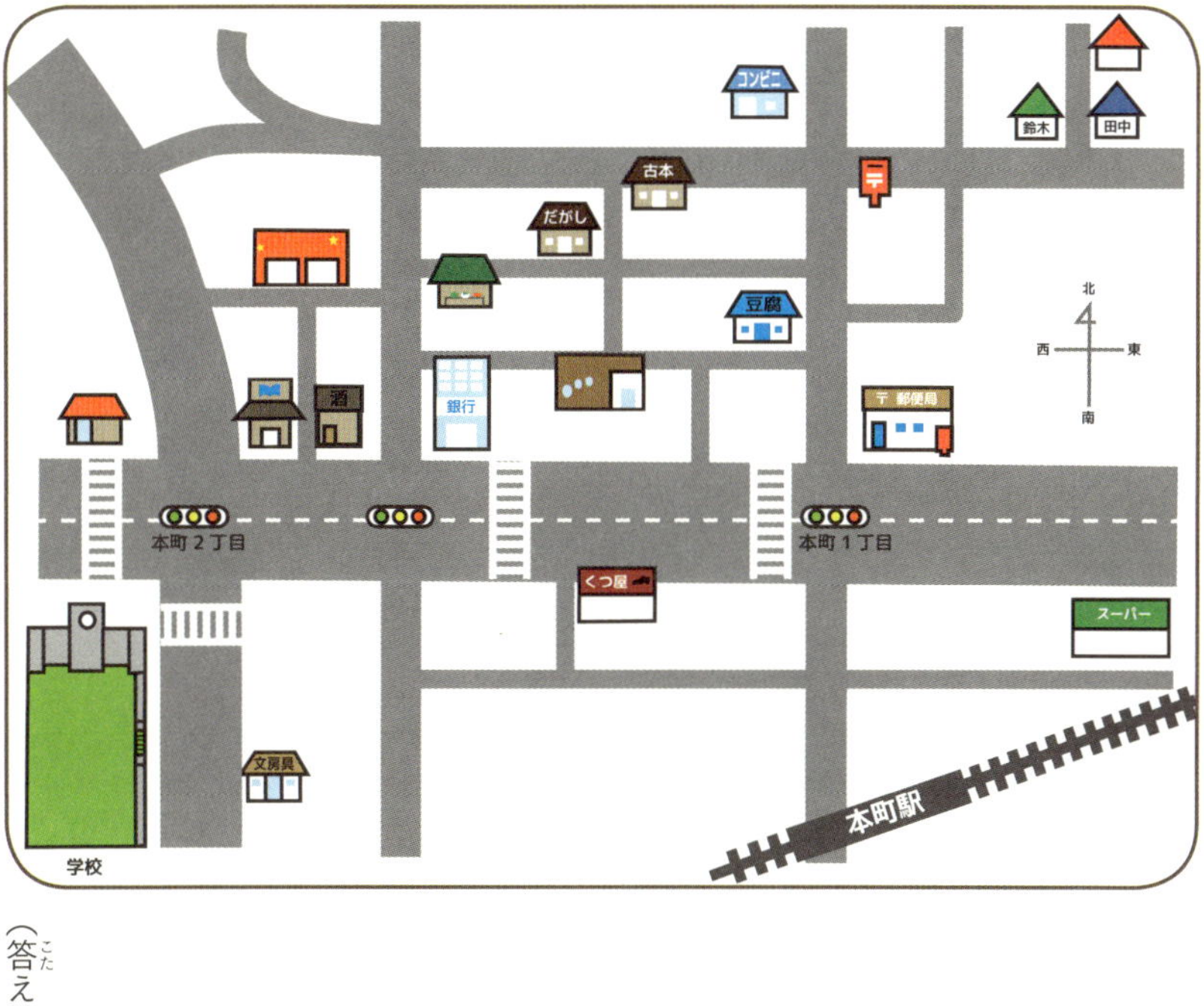

（答《こた》えは219ページ）

文から絵

解答例《かいとうれい》

A1

文から絵

解答例《かいとうれい》

A2

解答例《かいとうれい》

文から絵

A3

解答例《かいとうれい》

文から絵

A4

解答例《かいとうれい》

文から絵

A5

解答例《かいとうれい》

文から絵

A6

文から絵

A7

解答例《かいとうれい》

文から絵

A8

解答例《かいとうれい》

文から絵

A9

解答例《かいとうれい》

文から絵

A10

解答例《かいとうれい》

解答例《かいとうれい》

文から絵

A11

解答例《かいとうれい》

文から絵

A12

解答例《かいとうれい》

文から絵

A13

解答例《かいとうれい》

文から絵

A14

解答例《かいとうれい》

文から絵

A15

解答例《かいとうれい》

文から絵

A16

解答例《かいとうれい》

文から絵

A17

解答例《かいとうれい》

文から絵

A18

文から絵

解答例《かいとうれい》

A19

文から絵

解答例《かいとうれい》

A20

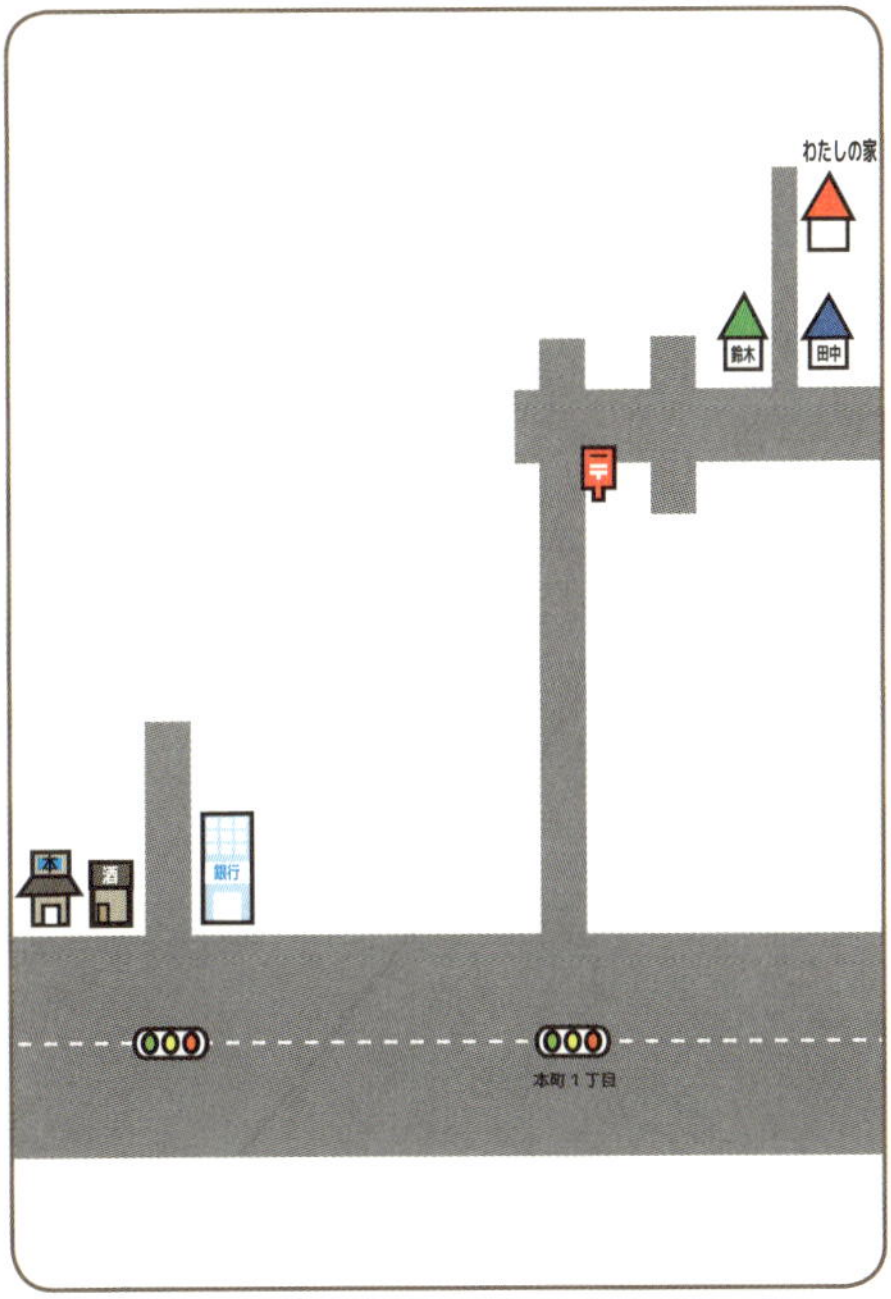

理論編

「理解力」について もっとくわしいことを 知りたい方へ

国語ができる子とできない子って？

国語ができる子はどんな子？

国語ができる子は、「わからない」と言うことができます。大変唐突ではありますが、大切なことなので、最初に書かせていただきます。

「わからない」ということを認識していると、実は国語に限らず、すべての勉強ができるようになります。それも、自分の力でできるようになります。

「わかった！」と思えばそこで終わってしまいますが、わからないということが認識できるから、わかりたくなります。そして、わかろうとするのです。

「わかろうとする」と自ら勉強することになりますから、自然と国語だけでなく、すべての勉強ができるようになっていきます。

わかろうとすると、人は自然と推理したり、想像したりします。少しでも知りたい内容に近づこうとするわけです。ここで答えを与えられてしまうと、この作業は打ち切られます。「わかった」となって、そこで終わってしまうわけです。

そこで答えを与えられなければ、そこに近づくカギを探すために、誰かに訊いたり、調べたりすることも出てくるでしょう。推理するために、根拠を探してみたりもするでしょう。見つけた根拠をつなぎ合わせて想像もするでしょう。想像できたことを誰かに伝えるべく、口頭または筆記で文章化もしていくでしょう。

これらのすべての局面で、国語力は養われていくのです。

子どもが「わからない」と言えるには、それを肯定的に受け入れられる環境が必要です。**「子どものわからない」を認められる親、それにつき合える親がいる子どもたちのなかには、国語ができる子が多い**ように思われます。

ここでいう「つき合う」とは、答えを教えてあげることではありません。「わからない」

という子どもに、**「何がわからないの？」「どこがわからないの？」「うーん、なんだろうね」「一緒に調べようか？」とわからないことそのものを認め、共有してあげられる**ことです。

このようにして、「わからない」を認め、そこから考える習慣のある子どもは、自然と国語ができるようになっていくのです。

国語ができない子はどんな子？

逆に、国語ができない状態とは、「わからない」ということが認識できていない状態ということになります。「わかったつもりになってしまっている」と言い換えてもよいかもしれません。

残念なことに、現在の小中高校生にはこのタイプが多いように見受けられます。それも、小中高と学齢が進むにしたがって、成績優秀な生徒の中にも、実はこのタイプがたくさんいるようです。

これはなぜでしょうか？　私は彼らを見ていて、次の三つの理由があると感じています。

1 勉強しなければいけないことの中に、覚えなければならない知識が多すぎる

「わからない」という状況を楽しんだり、そこから調べたりする暇はありません。すぐに正しい答えを知り、それを覚えこまなければなりません。理由などはどうでもよいのです。とにかく、正しい答えを頭に入れることが求められています。反射神経のように、「Aと問われたらBと答える」が大切になっています。

そこに、何が正しいのかわからないようなことを考えたり、想像したりする学習をする余裕があるのでしょうか。自ら文章を書く時間は、小学生のうちでは少しあるようですが、中高の科目で、文章を書く時間はあるでしょうか。

2 評価がほぼすべて○×で決まる

試験の評価は、基本的に○×で行われます。できるかぎり公正に点数をつけるために、「正解があること」のみが問われます。正誤がはっきりしないこと、あいまいさが残るようなことを問うことはできません。

これは、小中高の勉強の一大目標になっている大学入試を例にとるとはっきりします。

大学入試では「採点の効率化」ということもあるのでしょうし、公平さを期するということもあるのでしょう。

はっきり正答のある問題、それも記号を選択する問題がほとんどです。英語の試験なのに英単語を書くことがないというケースも散見されます。

試験の評価が選択結果の○×だけで行われるということは、そこに至る過程は大切ではないということになります。そこでは、「何が正しいのか?」「この問題に対する正答は何か?」が求められます。

そうすると、「間違っていることは悪いことだ」「悪いことは起きてはいけないので、間違いは早く直さなければならない」「早く正しい答えを知り、それを頭に入れなければならない」となります。

結果、たくさんの生徒が正解だけにこだわることが大事だと思ってしまうのかもしれません（実は、わかっている「フリ」をしているだけなのですが……）。

3 とにかく忙しい！

小中高校生は、学校に習いごとに部活、そして学習塾と本当に忙しく日々を過ごしています。

考学舎に通ってくる生徒もみな、なかなか忙しいようです。だから、「うーん、わからないね」などと言っている暇はないのです。すぐに答えを知り、先に進むことが求められます。学齢が進めば進むほど、この傾向は強くなります。

この三つの理由から、わからないことがあっても、「わからない」などとは言っていられません。とにかく、正解を知り、それを覚え、先に進むことが必要になります。それ以上のことは求められないから、「不要なモノ」となります。

こうして**わかったつもりになってしまい、考えることを知らない、考えるチャンスがない子どもが増えてきた**、ということでしょう。

国語においては、特に自分の頭で考えることが多く求められます。そのため、「わかったつもり」の子どもには難しい科目ということになり、国語は勉強してもできるようにならないといわれるわけなのです。

この差はいつつくのか？

小学校一・二年生の間は、この差はあまり感じないかもしれません。しかし、小学校中高学年、中学、高校、大学、そして社会人と進んでいくにつれ、だんだんこの差が大きくなっていきます。

国語ができる子は、あまり勉強していない様子なのに、しっかりテストで点を取る。部活にはまっている様子なのに勉強もできる。ミーティングをすれば、みんなの話を聞きながらしっかり話を前に進めてくれる——など、少しずつ、しかし確実に違いは出てきます。

これは、すべての学びに影響を与えます。幼少時から大人に至るまで、さまざまな学びの段階や内容がありますが、どの段階においても、**「学ぶ」ことに共通するのは、この「わかる・わからない」をしっかり認識することが、正しい理解につながる**ということです。

たとえ暗記科目であっても、あらかじめ持っている知識とつなぎ合わせて、新しい知識を得られる子どもと、それができない子どもとでは、大きな差が出てしまいます。いわゆる応用問題を考える場合には、もっとそれが顕著に表れます。

この「わかる・わからない」を区別する習慣を早いうちに獲得できるかどうかで、「学び」の質が変わってしまいます。そして「この差」は少しずつ広がりはじめ、年を追うにしたがって大きくなってしまうのです。

私自身がこの差を初めて感じたのは、中学三年の頃でした。当時、陸上部に所属しており、中距離選手でした。この時点では、「友人たちは、なぜか自分と同じくらいの練習で、はるかに大きな成果を出している。なぜ、自分はだめなのか?」というぐらいで、その原因を考えるには至っていませんでした。何も考えずに、漫然と練習に参加しているだけだったのです。

学校の成績は中の上くらいでしたから、自分自身、ある程度はできる方だ、と思っていたようです。しかし、部活ではまさに「わかったつもり」を積み重ねた結果ついてしまった「差」をはっきり見せつけられました。

中一の間はあまり大きな差もありませんでしたが、だんだんと目に見える差が出てきたわけです。当時の私は、「わかったつもり」になっていたので、「とにかく走る。周りと差が出る。自分自身とは別の場所に原因を探し、確認もせず、片づけてしまう」の繰り返しでした。自分に合う走り方も、周囲がやっている工夫も顧みない状態でした。あとから考えると、これがまさに、「わかったつもり」の典型だったのです。

「あいつの方が速い」「きっともともと才能があるんだ」「おれより体格がいいんだ」などと、根拠なく理由をあてはめて、わかったつもりになっていました。この「わかったつもり」に気づくチャンスはなかなかやってきませんでした。

このように、「学びの差」は徐々に時間をかけて、ありとあらゆる範囲で積み上げられていってしまうのです。差を感じることができても、差を解消する手立てを考えないわけですから、決してそれは解消できません。広がるばかりです。

これを称して、「地頭」の差だ、という言い方がされてしまうこともあります。そう、勉強してもよくはならない部分なのだと。確かに、勉強が知識の暗記であるという認識を持っている限り、この差は解消されません。しかし、**その認識を改めれば、だれでもつけられる力でもあるのです。**

少し、幼い世代について考えてみましょう。

言葉を覚え、自由に話せるようになる二、三歳の子どもたちはよく、「なんで？」を連発して親を困らせます。親が当たり前と思っているようなことから、本当に難しい問題まで、とにかくありとあらゆることが、「なんで？」の題材になってしまうからです。

このとき、みなさんはどのように対応されましたか？ なんとかして答えを出してあげなければいけない、とは思いませんでしたか？ 正しいにしろ、ごまかしてしまうにしろ、なんとしても一つの答えを出さなければいけないと思い、子どもたちに答えを与えてしまっていると、そこから、「わかったつもり」が始まります。

たとえば、「このあり、どこから来たの？」と問われたとき。

1 「ありの巣から来たのよ。ありのおうち」

2 「さあどこかな、わからないな、追いかけてみようか」

今の話からいくと、2の答えがより良いことになります。もちろん、1で悪いこともありませんし、知っているのに知らないふりをする必要もありません。しかし、大人は必ず知らなければいけない、ということもないのです。

2の答えの良いところは、「大人にもわからないことがある。それが当たり前。そして、わからないことを知りたいよね？」というメッセージを子どもに送れるところです。

毎回ではないにしても、「わからないこと」を共有し、それをわかるために何かをする。そして、自分から、その「わからない」に対する答えのようなものを見つける瞬間があるということは、「わからない」を認め、そこから考えられる子どもになるために大切なことです。

言い換えれば、**「なんだろう」と思ったときに、すぐに答えが用意される習慣を持たないことが大切**なのです。そうすることで、「わからない」という状態を認められることになります。

では、「わからない」と言えるだけで、国語ができるようになるのでしょうか？

それに答えるには、そもそも「国語力」とはどんなものかについて知っておく必要があります。

2. 国語力を構成する「三つの力」

国語力とは何か？――簡単なようで、なかなか難しい問いです。日本語を読み、そして書けることだけが国語力ではありません。国語力を、日本語力ではなく、「母国語運用能力」と考える必要がありますから、「その世代に応じた考える力」を含んでくるのです。

文部科学省が二〇〇四年二月に出した、「これからの時代に求められる国語力について」の「第2　これからの時代に求められる国語力」中では、「国語力を構成する能力等」として以下の二つの領域が挙げられています。

1　考える力、感じる力、想像する力、表す力からなる、言語を中心とした情報を処理・操作する領域

2　考える力や、表す力などを支え、その基盤となる「国語の知識」や「教養・価値観・感性等」の領域

そして、この領域に出てくるそれぞれの力は、次のように説明されています。

【考える力】とは、分析力、論理構築力などを含む、論理的思考力である。
分析力は、言語情報に含まれる「事実」や「根拠の明確でない推測」などを正確に見極め、さらに、内在している論理や構造などを的確にとらえていける能力である。また、自分や相手の置かれている状況を的確にとらえる能力でもあり、知覚（五感）を通して入ってくる非言語情報を言語化する能力でもある。
論理構築力は、相手や場面に応じた分かりやすく筋道の通った発言や文章を組み立てていける能力である。

【感じる力】とは、相手の気持ちや文学作品の内容・表現、自然や人間に関する事実などを感じ取ったり、感動したりできる情緒力である。また、美的感性、もののあわ

れ、名誉や恥といった社会的・文化的な価値にかかわる感性・情緒を自らのものとして受け止め、理解できるのも、この情緒力による。さらに、言葉の使い方に対し、微妙な意味の違いや美醜などを感じ取る、いわゆる「言語感覚」もここに含まれる。

【想像する力】とは、経験していない事柄や現実には存在していない事柄などをこうではないかと推し量り、頭の中でそのイメージを自由に思い描くことのできる力である。また、相手の表情や態度から、言葉に表れていない言外の思いを察することができるのも、この能力である。

※なお、物事を考え、感じ、想像することにより、言語を中心とする情報の内容を正確に理解できることから言えば、上記の「考える力」「感じる力」「想像する力」をまとめて、【理解する力】と位置づけることもできる。

【表す力】とは、考え、感じ、想像したことを表すために必要な表現力であり、分析力や論理構築力を用いて組み立てた自分の考えや思いなどを具体的な発言や文章として、相手や場面に配慮しつつ展開していける能力である。

（以上、http://www.mext.go.jp/b_menu/shingi/bunka/toushin/04020301.htm より引用）

考学舎では、一九九九年の設立当時から、自律に必要な国語力を次のように定義しています。

「理解し、自らの考えと比較し、結論し、結論に基づき適切に表現できる力」

はからずもこれは、文部科学省が定めた「これからの時代に求められる国語力」と合致しています。では、考学舎が考える国語力について、それを構成する三つの力を一つずつ、もう少しくわしく見ていきます。

1 「理解する力」とは？

「自分に与えられた状況を正確に把握し、正しく判断していける力」と定義しています。

「与えられた状況」というと、少し話が広すぎるように感じるかもしれませんが、たとえば、「いま何をしなければいけないのかを理解する」とか、「読んだり、聞いたりしたことを理解する」という意味だとお考えください。

では、「理解する」とは具体的には何をすることでしょうか？

人は、外部から何か情報を受け取る際に、まず内容というより、そのときの自分の感情を感じます。「いいな」とか「いやだな」と感じるわけです。

この「感覚」を、言葉に置き換え、感情であるという認識を持つことで、客観的に内容を確認していきます。ここが「理解」の入口となります。主観的な感情だけで終わらせず、その内容を客観的に確認できて、初めて正しい判断ができます。そこまでのプロセスが「理解する」となります。

やはり、この人は自分と気が合うとか、良い人だと思っている相手の言うことは、無意識に好意的に聞いてしまうものですし、反対であれば、疑いの目で見てしまいます。

無意識に好意的に聞いてしまったときに、その感情だけで賛成してしまわず、一歩引いて、客観的に内容を確認することが「理解」なのです。

「客観的に内容を確認する」とは、誰かの話を聴く、何かを読む、テレビを見るなど、どんな形であれ、**外部から情報が入ってくるときに、それがどんなものなのかを自分なりに噛み砕いて自分の中に取り込むこと**という説明ができます。

この、主観的な感情と客観的な内容を区別し、客観的内容を自分なりに噛み砕いて取り込むことを具体的に実践する方法として、**「自分の言葉への言い換え」**を推奨し、それをトレーニングしています（くわしくは、次の項でお話しします）。

2 「自分の考えと比較し、結論する力」とは？

「自分の経験や知識と比較・検討し、自分のとるべき行動を決定する力」と定義しています。

理解した内容を、もともと自分が持っている知識や考え方（「自分が何を大切にしているか？」）と比較し、新たに理解したことに賛成できるのか、そうでないのか、またその理由は何なのかを言葉にしていきます。

理解した内容を比較、検討する道具として、ものごとを整理・分類するための「集合の論理」＊や「具体と抽象」を中心にトレーニングしています。そして、経験や知識を蓄えるために、名作の全文書き取りや、言葉、漢字の学習、新聞記事などの読解、要約を行っています。

＊集合の論理：中学数学一年で扱われる「資料の整理」、高校数学Ⅰで扱われる「条件と集合」「命題と証明」を総称して呼んでいるものです。一見、不規則に存在する事物の集合について、規則性を見つけ分類する、命題（AはBである。（例）6は2の倍数である）の真偽を検討し、それを他者にわかるように説明する、という内容を含んでいます。

3 「適切に表現する力」とは？

「自分の考えを、そのときの状況や必要に応じて説明・言語化できる力」と定義しています。口語なのか文語なのか、相手は誰なのか、いま置かれている状態はどんな状況なのか、などに応じて文章や言葉を使い分け、適切な言葉を適切な形で使えることを大切にします。

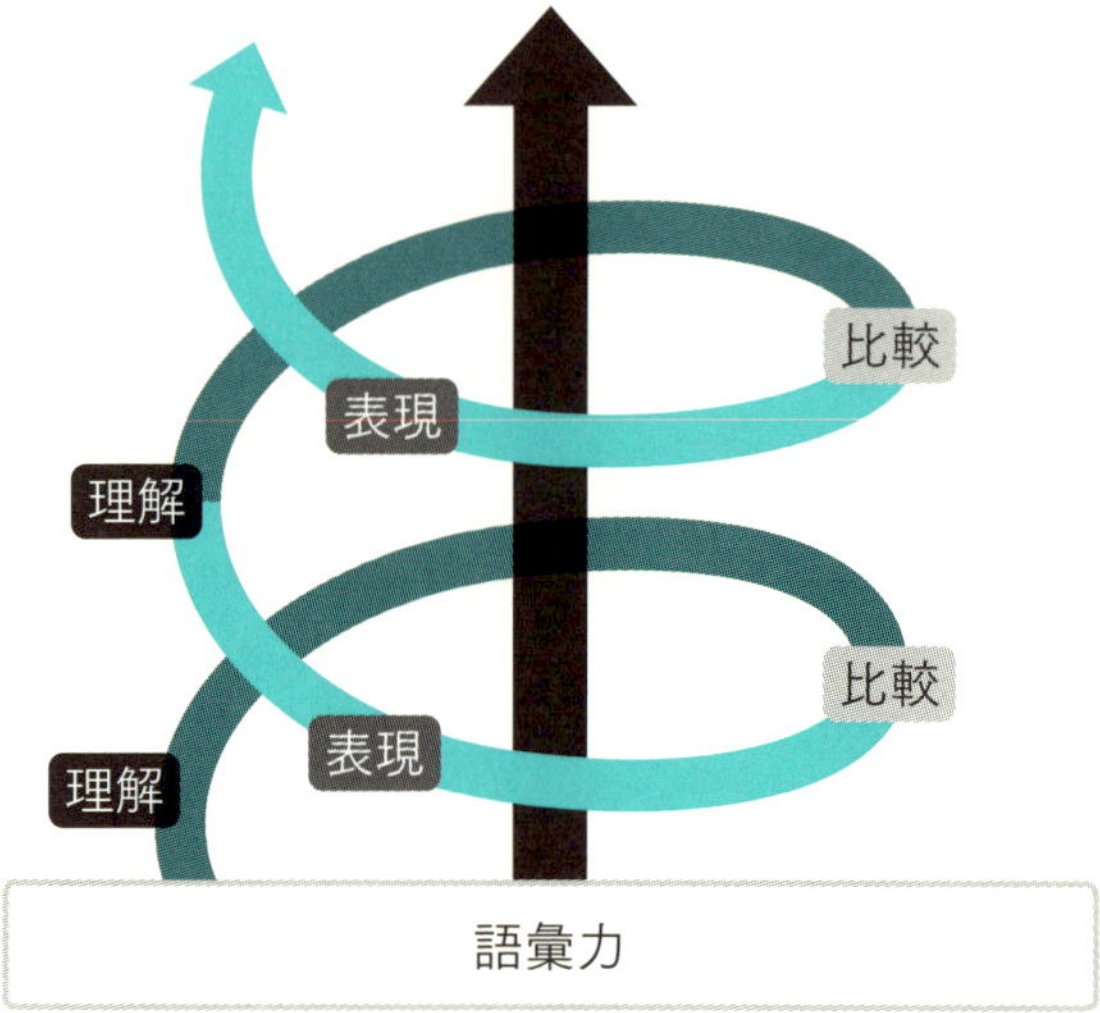

日々文章を書くことによる具体的な表現方法のトレーニングとともに、表現の源泉としての言葉や文章ストックとして、名作の全文書き取り、言葉、漢字の学習、新聞記事などの読解、要約を行っています。

私は国語力とは、この三つの力のトレーニングを順番に繰り返しながら、らせん状に上げていくもの、と考えています。

なお、この三つの力の基盤として、つねに学び続けなければならないのが「**語彙力**」です。言葉のストックが増えていくことで、先述した理解力・比較力・表現力が豊かになっていきます。

3. 国語学習は、何をやらせればいいのか

国語学習の全体像とは？

では、国語力はどのように鍛えていけばいいのでしょうか。ここではもう少しくわしく、考学舎での国語学習の流れをご説明します。

まずは、学齢に応じ、学んでいく内容の全体像をまとめてみます。

- 小学校低学年くらいまで

言葉を増やし、文の型を知る（音読、全文書き取り）
理解力の醸成（絵訳など言い換えの開始）

・小学校中学年
言葉を増やすための音読、全文書き取りの継続
理解力の醸成（マンガ説明など言い換え）
・小学校高学年
言葉を増やすための書き取りの継続
理解力の醸成（文章要約など言い換え）
表現力の育成（要約、意見表明、文法学習）
理解したことを自らの考えと比較することを開始
・中学生、高校生
言葉を増やすための書き取りの継続
理解力の醸成（文章要約など言い換え）
表現力の育成（意見文、文章構成演習）
理解したことを自らの考えと比較する（考えの見える化、考えの深め方、具体と抽象、批判的思考など）

では、それぞれの学習内容をもう少し具体的にご紹介します。

0 言葉を増やす、型を知る

まずは、三つの力の基盤となる「語彙力」からです。

小学校低学年から高校、大学に至るまで、つねに言葉を増やしていく作業が必要です。理解力を上げるためにも、表現を豊かにするためにも、考える基盤を築くためにも、すべてのために、言葉を積み続けることが大切になります。

言葉を増やすには、特に幼いうちは、経験と想像力の刺激がキーとなります。漢字を覚える、ワークをやるという机上の勉強だけでは足りません。兄弟間での遊びやけんかに始まり、両親や学校の先生、友達との会話やぶつかり合い、部活動や各種習いごとまで、すべての経験は、言葉を増やし、知識を積み上げていく源泉となります。

また、想像力を養うための読み聞かせや読書も大切な役割を果たします。大切なのは、ただ言葉を覚えることではなく、**何かと結びつけながら言葉を増やしていくこと**です。

そのために、日々の学習においては、**名作の音読、全文書き取り、漢字や言葉の勉強、**

新聞記事などの読解を行います。特に、音読や全文書き取りでは、言葉だけでなく、文の型を知り、身につけることができます。

言葉を増やすことは、正しく理解するため、理解した内容を正しく表現するために必須です。そして、文の型を知ることは、表現をわかりやすくするために大切なステップとなります。

1 理解力をつける

まずは、「わかる、わからない」の区別をはっきりさせることからスタートします。そのために、本書で扱う**「お絵かき」トレーニング**（これを**「絵訳」**と呼んでいます）を行っていきます。

それによって、わかっているのかいないのかを、学習者にも指導者にもわかりやすく見せていき、双方が、わからないことを正しく認識できることを重視します。

次に、**四コマ漫画を二〇〇字程度で説明するトレーニング**をします。そのうえで、**文章の要約**に入っていきます。

文章を要約する際には、元の言葉をどこまで自分の言葉に言い換えられるかに重点を置きながら、理解度を確認します。徐々に、文章を難しくして言い換えも高校生まで続けていきます。同時に、説明から要約に進んでいきます。

要約では、あらすじを説明してしまうことのないよう、結論を一言で説明することからはじめ、その結論に至る展開を説明することができるよう練習していきます。

この「理解力」については、次の章でよりくわしく説明します。

2 自らの考えと比較し検討する力をつける

「理解した内容」と、「自らが大切にすること」を、瞬間の感情だけではなく、理性的に比較検討することをトレーニングします。

もちろん耳にし、目にした情報は、まずは感情的に処理されるでしょう。しかし、しっかり言い換えて客観的に理解し、それを自らの大切にするポイントと落ち着いて比較することで、感情だけの比較から、理性的に、客観的に比較検討できるようになります。

この場合、理解という意味での言い換えと、考えるための整理・分類（中学・高校数学で学ぶ集合の論理（239ページ参照））、また抽象化や具体化を通して理解した内容を深めていくことが大切になります。

この整理・分類、具体化、抽象化の勉強を通じて理解を深め、比較検討できる状態まで理解を持っていけるようになります。最初はあまり深まらなくても、これを繰り返し行っていくことで徐々に、「感情だけの思考」から、「感情を大切にする、論理的な思考」へと変化していきます。

3 表現力をつける

音読、書き取りをしながら、最低限の文の型（主語、述語）を身につけていきます。そして、その文に修飾語をつけていきます。さらに、接続詞を使い、文をつないでいくことを学びます。自分で文を書くと同時に、書き取りや言い換えの練習を通して言葉を増やし、表現力を養っていきます。

小学校高学年以降では、**意見表明をし、その論拠を説明する**ことを通し、相手や状況に応じた説明方法を学んでいきます。中高生では、文章そのものの型を身につけ、その中で、いかに自分なりに表現するかを練習していきます。高校卒業までに、千字程度の意見文を書けるところまで進みます。

4.

「理解力」は、どうすれば鍛えられるのか

「わかる」とは？

では、本書のメインテーマである「理解力」について、くわしくお話ししていきます。
よく、「わかる」とは、「分けること」といわれます。その語源は「分ける」だということです。

確かに、「何かがわかる」ということは、他の何物かとの区別がつくようになることだと言われるとしっくりきます。国語辞典を見ると、「事実・意味・内容がはっきりととらえられるようになること」（『三省堂新明解国語辞典』）とあります。こちらも頭では納得がいくものです。

形のあるものは、頭の中でその形を想像してみることで、ほかのものと区別もつきますし、はっきりととらえられたと感じることができるでしょう。

しかし、言葉だけで説明され、理解しなければいけないものはどうでしょうか？

「わかった！」は本当か？

「はじめに」でもお話ししたように、子どもたちは、「わかった？」と声をかけられたときに、「わかる」ことの意味を実感したうえで、「うん、わかった！」と答えているわけではありません。

子どもたちは、言われたことを言葉どおり受け取った、という意味で「うん、わかった」と答えているようです。「うん、聞いていたよ」が本来の正しい言葉使いになるでしょう。

説明されたことの内容をはっきりとらえられたとか、何か他のものと区別がつけられた、という意味で内容を実感できているわけではありません。

「わかった」というより、「受け取った」が正しい状態だと思います。何かを説明され、その場ではしっかり受け取り、話の内容に疑問はない、という状態なのです。

「わかる、わからない」をはっきりさせる

子どもたちにとって、**何がわかっていて、何がわからないのか――これを実感できるかできないかが、その後の勉強の質を大きく左右することになります。**同じことを学んでも、使えない知識になってしまう可能性があるからです。

わかったつもりで勉強を積み上げていけば、分類しないまま戸棚に大量の荷物をしまいこむように、出すことが難しく、また活用が難しい知識になってしまいます。有効な知識の積み上げにはなりません。

一方、理解を実感できる状態で前に進めば、まさに知識が蓄積されていきます。これは、知識が整理、分類されたうえで、戸棚にしまわれた状態です。いざというときに見つけやすく、活用しやすい知識になるわけです。

では、どうしたら、「わかる、わからない」をはっきりさせられるのでしょうか？

理解度は、「言い換え」させれば確認できる

わかっているかどうか確認するためのもっとも簡単な方法は、**自分の言葉に言い換えて内容を確認すること**です。

説明された内容を、できる限り、別の言葉に置き換えて説明しなおしてみるのです。なんとなく、説明の最初と最後を拾ってつなぎ合わせたり、言葉遊びのように別の言葉に置き換えてみたりしても、理解の手助けにはなりません。

内容を正確に自分の言葉に言い換えていくことが必要です。そうすることにより、自分なりの整理ができることになります。自分なりの区分で、知識を分類し、収納することができるのです。

では、どのように情報を受け取り、言い換えていけばよいのでしょうか。

最初のキーワードが**「絵を使った言い換え」（絵訳）**です。つまり、入ってきた情報を頭の中でイメージする習慣をつけることからはじめ、イメージ化できない知識は自分の言葉

に言い換えていく習慣をつけていきましょう。

知識を分類・整理し、つなぎ合わせる

「わかる、わからない」をはっきりさせ、**知識として記憶するだけではなく、この知識を応用できる形で蓄積していく**ことが、ここで説明する「理解」ということになります。

「応用する」とは、その知識とほかの知識をつなげたり、その知識を使って他の知識を類推したりすることです。

先に、言い換えて理解することで、自分なりの整理ができると説明しました。この整理をすることで、分類が行われ、関係性がつくられます。既存の知識との関連性を持って知識が収納されるわけです。

こうして保存された知識は、保存時点で他の知識とつながっています。応用する準備が整っていることになるわけです。

ところでみなさんは、自分の子どもに対して、こう思っていませんか？

「知識を問う問題は解けても、知識を使う問題は解けない」
「計算はできるけれど、文章題はできない」
「知識はあるのに、その知識を使う長文の問題になると解けない」
「知っているはずの知識を組み合わせることができない」

多くの子どもがここで悩みます。これを克服するために、ありとあらゆるタイプの問題を演習し、パターン暗記することに時間を使う子どもが多くいます。

このパターン暗記には、分類や関連づけが用いられます。たとえば、「食塩水の問題」という関連づけでは、「食塩濃度を出す」「食塩量を出す」などの問題を細分化した課題の中で、身につけていきます。

しかしあくまで、問題としての分類や関連づけですから、その方法（問題としての関連づけ、たとえば、食塩水の問題という分類）でしか取り出せない知識となってしまうのです。

図1

この知識のつけ方では、同じカテゴリー区分で区切られたときにしか、知識を取り出すことはできません。

たとえば、距離と速さの問題を見たときに、「食塩水と同じ割合の問題だ」とは考えられません。結果、「知らない問題だ」となり、「問題演習不足」と片づけられてしまいます。

最近の中学入試では、あらかじめ持っている知識を関連づけたり、類推しなければならない難しいタイプの問題が出題されるケースが増えています。そこには当然太刀打ちできないわけです。

正しく理解を積み重ねていくことで、理

図2

図3

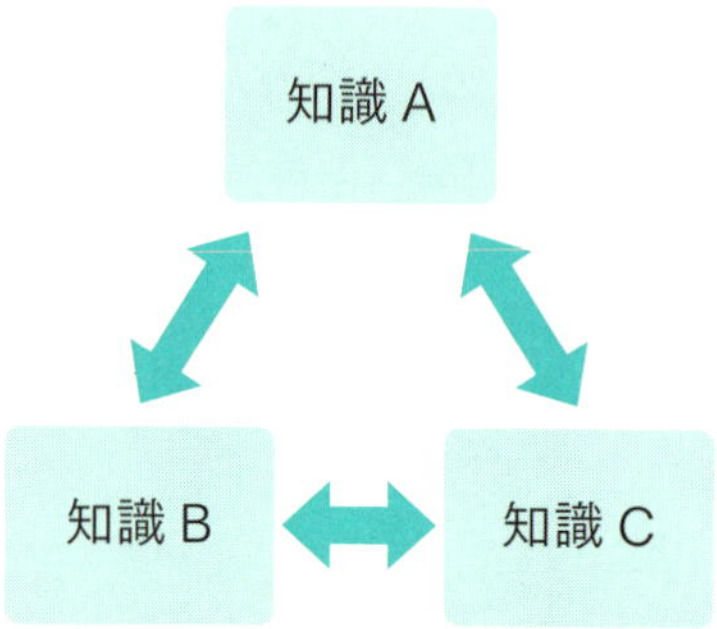

解している内容は頭の中で縦横無尽のつながりを持ちます。これが、知っている知識を使い、新たなことを考えていく、応用力のもとになっていきます。

また、知っている知識が応用できるということは、「一問解いて複数問できるようになる」ことを意味します。短い勉強時間でも、できるようになるのです。

図1のような状態では、決して知識はつながっていきません。

そして知識を増やしながら、図2のようにつなげていきます。

知識を増やすと同時に、知識のつながりも増やしていくことが大切だということで

図4

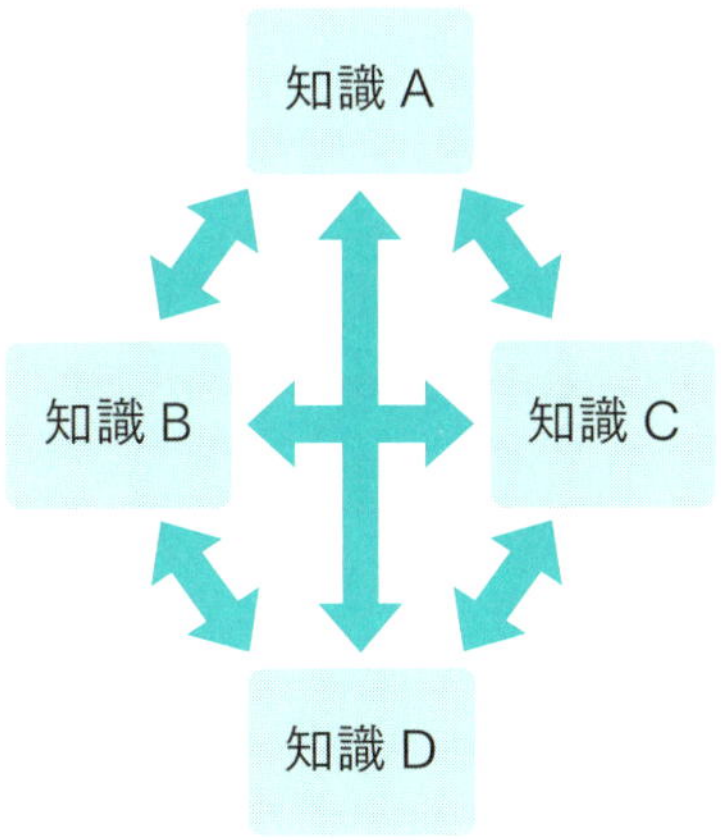

す（図3、4）。

子どもたちは、年代や成長に応じ、知識を増やすとともに、それをもとにして考えることができるようになっていきます。

たとえば、具体的なものから抽象的なものを類推できるようになっていきます。これには、想像力だけでなく、それまでの具体的な知識をつなげ合わせていく力が必要になります。正しい理解を繰り返すことで、この「つなぎ合わせていく力」が訓練されていきます。

知識を結びつけていくことで、これらの知識はより整理された状態になります（図5）。

まずは、具体的な知識から、しっかり分類して整理し、既存の知識とつなげて意味内容をとらえられる状態にすることが大切です。

図5

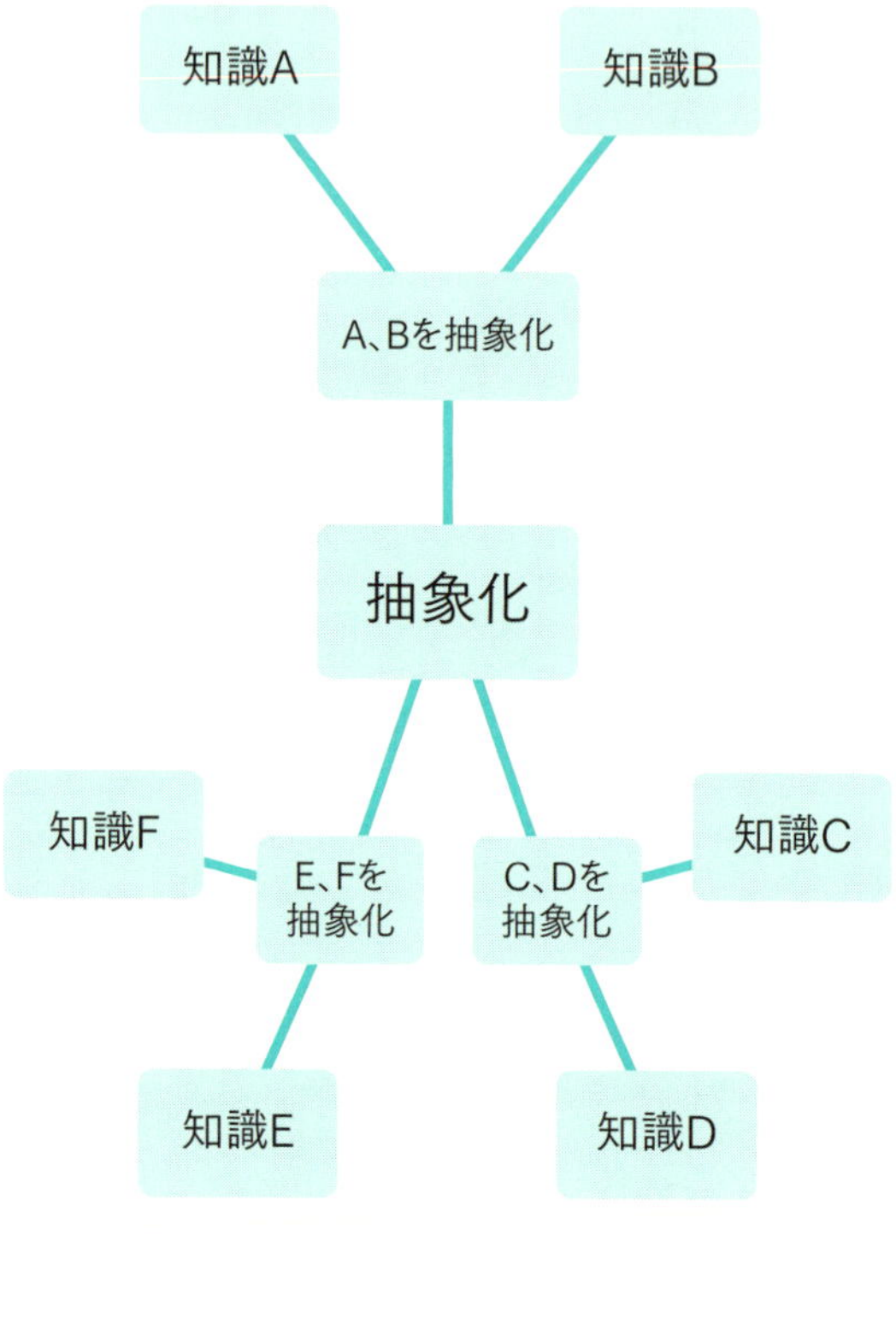

ここまで、子どもの理解力は、「言い換え」をさせてみれば確認できるというお話をしてきました。

最後に、この「言い換え」の方法についてご説明します。

5.

理解力を強化する「言い換え」トレーニング

理解度をどう確認するのか？——これは、子どもと向き合ううえで非常に大切なポイントです。

理解度をしっかり確認するための有効な手段が「言い換え」であることは、先にお伝えしました。ここでは、この「言い換え」についてくわしく説明していきます。

先にも触れたとおり、**子どもはすぐにわかったつもりになってしまいます。そこに「待った！」をかけ、いかに確認する習慣をつけていくか**——そのための「言い換え」です。

言い換えられないものはわかっていない！

何かを聞いたとき、読んだとき、別の言葉に言い換えてみたり、その様子を画像として想像してみる──実は、多くの人が日常生活でやっていることです。

しかし、何を表現しているのかわからない抽象的な絵、難しい言葉が並ぶ長文や、回りくどい説明では、自分の頭の中で、その情景を想像したり、自分がすでに持っている知識に結びついた言葉に置き換えたりすることは、なかなかできないのではないでしょうか。

次の二つの絵を見てください。

上の絵はすぐに、「犬の絵だ」とおわかりいただけたでしょう。では、下の絵はいかがでしょうか？　「何だろう？」となりますよね？

上の絵のように、「犬」と出てくるのは、いわば言い換えられた状態です。下の絵のようなものは言い換えられません。これは何だかわからないわけです。

しかし、もし誰かに説明するとしたら、「犬のような、猫のような四つ足の動物」というくらいになるでしょうか。これは精いっぱいの言い換えです。ここまででも言い換えられれば人に伝えられますし、自分の中にもイメージを持つことができます。しかし、言い換えさえもできなかったら、この動物が何かを記憶するのは、ちょっと難しいでしょう。

今は絵を例にしましたが、言葉だったらどうでしょう。言葉の場合、わかるものは言い換えますが、そうでないものはそのまま記憶してしまうのではないでしょうか？

よく、意味のわからないものを、わからないままに覚えこむことを、「お経を暗記する」「暗号を覚える」などと言いますが、まさにそんな状況です。学校で何かを学ぶときには、短時間で多くのことを学んでいきますから、理解なしに進むと、この傾向がさらに強くなります。

実は、この**「言い換え」の習慣を体得していることが、国語ができる、いや、すべての科目において、応用がきく生徒の特徴**だったのです。

これを体得しているのは、たとえば、**本を読みながらその情景を思い浮かべる習慣**のある生徒たちでした。彼らは自らが何かを取り込むときに、自分なりに何かを思い浮かべたり、言葉にしたりすることが「くせ」になっているのです。

この習慣を体得していない子どもたちは、言葉をそのまま受け取り、保存するにとどまってしまいます。そう、つながりなく知識をしまいこんでしまうのです。

では、これはいつできるようになる習慣なのでしょうか？

親に「なんで？」という質問をすることから、外で遊びながら新しい発見をすることで、本を読むことで、外国語を学ぶ際に、自習の際に……。

いろいろなタイミングがあるとは思いますが、これを学べる体験に共通するのは、「受動的に知識を学ぶ」というより、「自分のペースで、自分から何かを学びにいくときである」ということになります。

たとえば、親に「なんで?」という質問をするのは、自分でわからないと感じられるからです。そのときに、親から解説される、もしくは親にもわからないことだと確認するだけでも、この習慣をつけるきっかけになります。

ちなみに、親が説明してあげられないときに、「わからない」ということそのものを何となくごまかしてしまうと、この習慣はつきません。子どもたちには、わかってもわからなくても違いはない、と伝わってしまうからです。

外で遊びながら新しい発見をしたときにも、子どもたちはそれを自分なりに、それまでの体験や知識と結びつけて理解しようとします。

本を読む際には、読んでいる情景を想像したりすることで、やはりそれまでの体験や知識と結びつけて理解しようとするのです。

外国語を学ぶ際には、まさに自分の言葉（母国語）に言い換えなければ理解できませんから大きなチャンスです。私自身は、高校時代の交換留学時、ベルギーで生活していたときに、言い換えの習慣がつきました。当初、わかる言葉が極端に少なかったのです。これは、「わからない」ということを強制的に認識させられた瞬間でした。

そんな私に、ホストファミリー、学校の先生、友人たちは、私が知っている言葉を使い、新しい言葉を説明してくれたわけです。まさに、これこそ「言い換え」でした。

ただ、いずれも、「わからないこと」を大切にしようと思わなければ、その余裕がなければ、言い換える習慣をつけるきっかけにはなりません。わからなければならない、知っていなければいけないという意識から、**「わからないこと」の認識を大切にする**よう切り替えていくことが必要なのです。

理解力のステップ別「言い換え」トレーニング方法

ステップ０：語彙を増やす

これは、２４３ページの「ステップ０」と完全に重なります。

「言い換え」というステップにおいても、国語力全般を伸ばすためにも、使える言葉を増やしていくことは必須です。そしてこれは、ステップ０であり、最終ステップでもあります。就学前から大人に至るまで、言葉は増やし続けなければなりません。それも、丸覚えするのではなく、少しでも何かと関連づける形で増やしていくことが大切です。

ステップ1：言い換えその1「絵訳」

本書で扱う「お絵かき」トレーニングとなります。

「絵から文」「文から絵」への翻訳練習です。「絵から文」にしてもその逆にしても、わからなければ説明ができませんので、子どもたちははっきりと「わからない」を認識することができます。これが、このトレーニングの一番の目的であると言っても過言ではありません。

このワークを通し、子どもたちは「わかる」という感覚と「わからない」という感覚をそれぞれ身につけていきます。また、わかったものを媒体変換する習慣もここでつく大切な理解の習慣です。

ここでいう「媒体変換」とは、**「言葉を絵にする」「絵を言葉にする」という形で言い換えること**です。この習慣を持つことで、後の段階で文を読んだときに、自然とその情景を想像できるようになります。文の中でわからないところが、自分の想像の中で空白部分になってしまう、というところまでイメージを想像する習慣をつけていきます。

「絵から文」では、具体的な事物を使い、理解の確認を行っていきます。最初は、わかりやすい背景の中にある一つの事物を説明するところからはじめ、少しずつ、背景や事物を複数化、複雑化していきます。絵の中だけでは完全には説明しきれない、前後の文脈や、背景のあるものまで進んでいきます。

「文から絵」でも同様に、具体的な事物を使い、それを絵として説明していきます。最後には、簡単なストーリーの中で大切なシーンを絵にするところまで進めていきます。

このように、「お絵かき」トレーニングでは、

- 「わかる・わからない」をはっきり表明できる習慣をつける
- 説明の方法を学ぶ
- 一番大切なところ（お話であれば、主人公にあたるもの）を考える習慣をつける

を目標としています。

ステップ2：言い換えその2「マンガ作文」

四コマ漫画や八コマ漫画、そして随筆に近いような短編を二〇〇字程度の文章で説明していきます。

先ほどの一枚の絵からストーリーへの展開です。一つのストーリーとして、必要な部分、不要な部分を選別し、また背景となっている絵や言葉で出てくるセリフをいかに組み合わせて適切な説明とするかを練習していきます。

四コマや八コマ漫画ではオチがあるものが多いので、それをいかに説明するか、また場合によっては、文章でいかに漫画的なオチを表現するかを工夫するなど、さまざまな勉強法につながっていきます。

また、漫画でのトレーニングがある程度できてきたところで、オチのある短編に進み、その後、随筆のような日常を書いたもの（あまりはっきりとした結論のないもの）の一部分を言い換える練習をします。

このときには純粋に、とにかく別の言葉に置き換えてもらいます。本質的な意味はあまりありませんが、ある部分を取り出し、文節数を数えておき、書き換えたものがどこまで別の言葉になっているかを数えてみたりします。

＊四コマ漫画作文や八コマ漫画作文は、国語専科教室の工藤順一先生がなさっていたことから学びました。

ステップ3：言い換えその3「要約」

物語文や論説文を要約していきます。前ステップの「言い換えの練習」では、文中の言葉をいかに言い換えるかでしたが、ここからは、文の主旨をいかに自分の言葉で言い換えるか（説明するか）に重点を置きます。

文章を読み、「その文章で筆者が伝えたいことは何か」「それは、どの部分で最もよく説明されているか」をまず考えてもらいます。そのうえで、結論に至る道筋をはっきりさせていきます。

最後に、それを要約文として五〇字と二〇〇字、二とおりでまとめてもらう練習をします。もちろん、できうる限り自分の言葉で書いてもらいます。それは、文中の言葉を使っている限り、大切そうなところを意味もわからず抜き書きするという方向に流れてしまいがちだからです。**自分の言葉に置き換えることで、端的に結論やその理由を表現する習慣がついていきます。**

このように、**「自分の言葉で言い換える」トレーニングを徹底して行うことで、理解力をつけることになります。**国語の読解問題についても、理解力がついていくことで、本文の内容理解を正しく進められるようになるため、確実に解けるようになっていきます。

そして、「理解する」ということの意味を正しく実感することで、算数の文章題や、中学高校で難しくなっていく各科目の勉強も自ら進められるようになるのです。

おわりに

「お絵かき」トレーニング実践編、そして理論編、それぞれいかがでしたか？

実践編では、「理解」のための大きな一歩として、「言い換え」（絵訳）の練習をしていただきました。そして理論編では、「国語力とは？」からはじまり、学習のためのロードマップ、国語学習の肝となる「理解」の説明、そしてその具体的な勉強方法とブレイクダウンしながら、国語について解説してみました。漠然とした「抽象的な国語の勉強」が、少しでも具体的な形をもってみなさんの目に見えていれば幸いです。

本文でも書きましたが、私自身、国語というものがまったくわからずに、学校生活を送り、別のきっかけ（外国語の学習）で国語が少しわかるようになりました。

それを伝えることで、「何をすればよいかわからない国語の勉強が、少しでもわかりやすくなれば、きっと多くの生徒の役に立てるのではないか。そして、国語をしっかり学ぶことで、正しく理解し、じっくり考える力を持てるのではないか。それをもとに、情報過多な現代において、情報に振り回されず、しっかり地に足をつけた人生を送れるのではないか。そして、他人に対する寛容と愛をもって人生を送れるのではないか」との思いで考学舎を開いて、はや一七年が経ちました。

受験勉強においても、社会に出てからも、急いで答えを求めるからなのか、短期的な生産性を求めるからなのかわかりませんが、とにかく、目の前の情報だけで何かを判断しようとする傾向があるように思えてなりません。目の前の情報だけで、瞬間的に判断する、そこには、深く考え、想像をめぐらせて、などという余裕はありません。

少しでも目の前の状況以外のことを考え、想像してみることで、初めて見えてくるものもあるのではないでしょうか。**さまざまなことを想像できる大人が増えることで、正しい判断ができる社会になれる、これすなわち社会の成熟であり安定であるように思います。**もしかすると少し、いろいろなことに時間がかかるのかもしれませんが。

今回は、あくまで、「理解」の部分、それもその一番の入口である、「わかったか、わからないか」をはっきりさせる習慣をつけていただくためのワークをお届けしました。

本来、理解のあとには、理解した内容を自分の中にある考え方『自分が何を大切に生きているのか?』と比べる「考える」ができます。またその部分の解説をお届けできる日がくることを願ってやみません。

引き続き、よりよい教材、カリキュラムになるよう改善を加えていきます。随時、考学舎のＷＥＢサイトにアップしていきますのでぜひご確認ください。

http://edu.kogakusha.co.jp

最後に、今まで考学舎にかかわってくださったすべてのみなさまに、そして出版というところまで私たちを引っ張ってくださったディスカヴァー編集部の三谷さまに、心からお礼を申し上げます。

国語が得意科目になる「お絵かき」トレーニング

発行日　2016年　12月　25日　第1刷
　　　　2019年　6月　20日　第4刷

Author　坂本　聰

Book Designer　石間淳［カバー］　荒井雅美［本文］
Illustrator　matsu（マツモトナオコ）　平松慶［教材イラスト］

Publication　株式会社ディスカヴァー・トゥエンティワン
〒102-0093　東京都千代田区平河町2-16-1 平河町森タワー11F
TEL　03-3237-8321（代表）
FAX　03-3237-8323
http://www.d21.co.jp

Publisher　干場弓子
Editor　三谷祐一

Marketing Group
Staff　清水達也　千葉潤子　飯田智樹　佐藤昌幸　谷口奈緒美　蛯原昇　安永智洋
古矢薫　鍋田匠伴　佐竹祐哉　梅本翔太　榊原僚　廣内悠理　橋本莉奈
川島理　庄司知世　小木曽礼丈　越野志絵良　佐々木玲奈　高橋雛乃
佐藤淳基　志摩晃司　井上竜之介　小山怜那　斎藤悠人　三角真穂　宮田有利子

Productive Group
Staff　藤田浩芳　千葉正幸　原典宏　林秀樹　大山聡子　大竹朝子　堀部直人
林拓馬　松石悠　木下智尋　渡辺基志　安永姫菜　谷中卓

Digital Group
Staff　伊東佑真　岡本典子　三輪真也　西川なつか　高良彰子　牧野類　倉田華
伊藤光太郎　阿奈美佳　早水真吾　榎本貴子　中澤泰宏

Global & Public Relations Group
Staff　郭迪　田中亜紀　杉田彰子　奥田千晶　連苑如　施華琴

Operations & Management & Accounting Group
Staff　小関勝則　松原史与志　山中麻吏　小田孝文　福永友紀　井筒浩　小田木もも
池田望　福田章平　石光まゆ子

Assistant Staff　俵敬子　町田加奈子　丸山香織　井澤徳子　藤井多穂子　藤井かおり
葛目美枝子　伊藤香　鈴木洋子　石橋佐知子　伊藤由美　畑野衣見
宮崎陽子　並木楓　倉次みのり

Proofreader　株式会社鷗来堂
DTP　荒井雅美
Printing　株式会社シナノ

ISBN978-4-7993-2016-7